Albert Stähli

# ALEXANDER DER GROSSE

Albert Stähli

# ALEXANDER DER GROSSE

Welteroberer: Ein Genie begründet den Hellenismus

Frankfurter
Allgemeine
Buch

**Bibliografische Information der Deutschen Nationalbibliothek**
Die Deutsche Nationalbibliothek verzeichnet diese Publikation in der Deutschen Nationalbibliografie; detaillierte bibliografische Daten sind im Internet über http://dnb.d-nb.de abrufbar.

Frankfurter Allgemeine Buch


Frankfurter Allgemeine Buch
Pariser Straße 1
60486 Frankfurt am Main

Umschlag: Nina Hegemann, Frankfurt am Main
Satz: Anabell Krebs, Frankfurt am Main, Jan W. Hofmann
Druck: CPI books GmbH, Leck
Printed in Germany

1. Auflage
Frankfurt am Main 2023
ISBN 978-3-96251-168-5



Frankfurter Allgemeine Buch hat sich zu einer nachhaltigen Buchproduktion verpflichtet und erwirbt gemeinsam mit den Lieferanten Klimazertifikate zur Kompensation des $CO_2$-Ausstoßes.

Für Nada, Esther, Vesna und Dean

# Inhalt

# Prolog

Von einem Mann, dessen strategisches Genie den Lauf der Geschichte veränderte

Im 12. vorchristlichen Jahrhundert, so die Legende, zog ein armer Bauer namens Gordius auf einem Ochsenkarren nach Phrygien, eine Region im Herzen der heutigen Türkei. Weil das Orakel dem dort lebenden Volk geweissagt hatte, sein künftiger König käme dereinst auf einem hölzernen Wagen daher, wurde Gordius diese Ehre zuteil. Aus Dankbarkeit widmete er sein Gefährt dem Gott Zeus und sicherte Joch und Deichsel mit einer komplizierten Seilverschlingung. „Derjenige, der diesen Knoten lösen wird", so prophezeite das Orakel, „wird einst die Herrschaft über Asien erringen." Obwohl sich viele daran versuchten, blieb die Aufgabe ungelöst. Erst im Jahre 333 v. Chr. gelang dem makedonischen König Alexander III. das Kunststück – indem er den Knoten mit seinem Schwert zerschlug.

Als Schüler von Aristoteles war Alexander wahrlich kein Dummkopf. Hätte sich der Knoten anders als mit roher Gewalt öffnen lassen, dann wäre das längst geschehen. Erst 2001 kamen der polnische Physiker Piotr Pieranski von der Universität Poznań und der Schweizer Biologe Andrzej Stasiak von der Universität Lausanne dem Rätsel auf die Spur. Mithilfe eines Computerprogramms konstruierten die Wissenschaftler eine mögliche Variante des legendären Gordischen Knotens. Der Clou: Er wies keine losen Enden auf, an denen man ihn hätte öffnen können, denn das Seil war zuvor an beiden Enden zerspleißt, gewässert und anschließend so ineinander verwoben worden, dass keine Enden zu erkennen waren. Derart zusammengefügt, wäre der Gordische Knoten auf konventionelle Weise tatsächlich unlösbar gewesen. Alexander mag das erkannt und deshalb das einzig Richtige getan haben.

Das ist die wohl berühmteste Erzählung, die den Mythos des großen Makedoniers seit vorchristlicher Zeit lebendig hält. Gleichgültig, ob man sie als ätiologische Heldensaga versteht oder als reale Begebenheit (die im Übrigen gut zu Alexanders Temperament passen würde) – seit Jahrtausenden befeuert der ewig junge Makedonierkönig als siegreicher Eroberer die Fantasie. Was er geschafft hat, gelang keinem Feldherrn vor und auch keinem nach ihm: Innerhalb von nur zehn Jahren unterwarf Alexander den gesamten Vorderen Orient, Ägypten und große Teile Zentralasiens seiner Herrschaft.

## Mehr als ein genialer Stratege und großer Krieger

Darin ist freilich weit mehr zu sehen als eine Abfolge militärstrategischer Glanzleistungen. Denn Alexander von Makedonien war nicht nur ein genialer Stratege und großer Krieger, der in jeder Schlacht in der vordersten Reihe stürmte und mit seinem Vorbild Zehntausende zu Höchstleistungen beflügelte. Alexander von Makedonien war nicht nur ein vorausschauend denkender Politiker, dessen geostrategisch angelegte Stadt- und Münzgründungen die halbe

Welt umspannten und Handel und kulturellen Austausch förderten. Alexander von Makedonien war und ist ein Großer, weil er den Lauf der Weltgeschichte veränderte.

Der junge Prinz war begierig auf Bildung. Aristoteles, sein geistiger Lehrer, ließ in seinem Kopf die Helden von Homers *Ilias* wiederauferstehen, und erfahrene Recken schulten ihn im Reiten, Lanzenwurf und Kampf. Alexander erwies sich als begabter Schüler, bald schon als Meister. Nicht nur die Makedonier erkannten, dass in dem jungen Prinzen ein Heerführer par excellence heranwuchs, sondern bald auch die Thebaner, die Athener, die Thraker, die Triballer und die vielen anderen Völker, die er später als König auf seinem Siegeszug um den halben Erdkreis in Ehrfurcht versetzte. Dass er dabei noch über seinen Tod hinaus als gottgleich bewundert wurde und sein Leben in unendlich vielen Legenden im „Alexanderroman" bis weit in die Neuzeit hinein lebendig blieb, ist nur ein äußeres Zeichen der grenzenlosen Bewunderung eines genialen Menschenführers. Weit größer und dauerhafter noch ist der Ruhm, den Alexander mit seinem historischen Sieg über die Perser erworben hat.

Denn schon einmal hatte die persische Streitmacht nach dem europäischen Kontinent gegriffen. Sie wurde zurückgewiesen, doch die Furcht blieb, und der Hass auf die Fremden vererbte sich von einer zur nächsten Generation. Als Alexander ein Knabe war, blickte das achämenidische Großreich erneut voller Eroberungslust nach Westen. Griechenland, nach zahllosen Kriegen in Agonie gefangen, war unfähig, sich der Übermacht zu erwehren. Orient und Okzident drohten gewaltsam aufeinanderzuprallen, und der Sieger in dieser Schlacht hätte die Welt nach seinem Willen formen können. Europa, der Kontinent, der für den griechischen Schriftsteller, Geografen und Namensgeber Herodot die gesamte Landmasse vom Mittelmeer bis zum Schwarzen Meer umfasste, wäre dem Morgenland anheimgefallen.

## Der erste Hellenist: Alexander als Visionär und Weltenverbinder

In dieser bedrohlichen Lage folgte der König der Makedonier seiner Vision von einer Welt, in der kein Teil den anderen geringer achten solle. Er tat dies mit einer kriegerischen Bravour, die ihresgleichen suchte und berühmte Feldherren wie Julius Caesar und Napoleon Bonaparte inspirierte. Im Folgenden wird gewissenhaft davon berichtet werden. Zu einem „Großen" freilich wurde Alexander nicht wegen seiner militärischen Siege. Es war seine völlig unzeitgemäße und daher umso noblere Toleranzpolitik, die ihn zum Herrn machte über das von ihm geschaffene Alexanderreich – eine Welt, deren Grundstein sein Vater einst gelegt, aber sein Sohn zu hellenistischer Größe erhoben hatte. Bis heute ehren wir das politische und kulturelle Erbe Alexanders des Großen.

Das Alexanderreich bestand in seiner vollen Größe von 324 bis etwa 319 v. Chr. aus drei klar voneinander abgrenzbaren Herrschaftsbereichen: Makedonien, das Altpersische Reich und Ägypten. Außerdem übte Alexander die Oberherrschaft

*Abbildung 1: Alexander, König von Makedonien*

über die meisten griechischen Städte im Hellenenbund von Korinth und einige barbarische Stämme des Balkans aus. Sein Reich erstreckte sich daher über mindestens 19 Gebiete heutiger Staaten (Griechenland, Mazedonien, Bulgarien, Türkei, Syrien, Jordanien, Israel, Libanon, Zypern,

Ägypten, Libyen, Irak, Iran, Kuwait, Afghanistan, Turkmenistan, Tadschikistan, Usbekistan und Pakistan) und berührte einige weitere an ihren Grenzen (Ukraine, Rumänien, Albanien, Armenien, Aserbaidschan, Indien). In den Gebieten war Alexanders politische Stellung unterschiedlich legitimiert. Auch von einem einheitlichen Staatsvolk kann man nicht sprechen. Infolgedessen lässt sich dem Alexanderreich kein geografischer Raumbegriff außer dem Namen seines Herrschers zuordnen. Nur Alexander konnte die Einheit des Reiches legitimieren. Das erklärt, warum es nach seinem Tod den Diadochen anheimfiel und innerhalb eines Menschenlebens wieder zerbrach.

Die dauerhafte Herrschaft über Asien hat Alexander nicht erringen können. Insofern irrte das Orakel von Phrygien. Aber mit seinen Zügen über die Kontinente hat Alexander den ersten Globalisierungsschub in der Menschheitsgeschichte ausgelöst und sich als würdiger Botschafter der Alten Welt erwiesen. Für seine Singularität findet Althistoriker Hans-Ulrich Wiemer (2015, S. 10) die rechten Worte: „Wer Fernwirkungen zum Maßstab der historischen Urteilsbildung macht, wird nicht viele Gestalten der Weltgeschichte finden können, die dem Vergleich mit Alexander standhalten." Als Andragoge möchte ich ergänzen. Die Würdigung Alexanders des Großen ist nicht nur verdient, sondern im Zuge der Bewahrung unserer Erinnerungskultur geradezu zwingend geboten. Denn die Vergangenheit hält zu viele Lehren bereit, als dass wir auch nur eine einzige vergessen dürfen.

KAPITEL I

# Zum Krieger gedrillt, zum Staatsmann erzogen

## Kindheit und Jugend von Alexander, Prinz von Makedonien

Seit der Rebellion der griechischen Siedler in Kleinasien gegen die achämenidische Oberherrschaft 499 v. Chr. sind fast 150 Jahre ins Land gegangen. Nach erfolgreicher Zurückdrängung der Perser haben sich Athen und Sparta auf dem Peloponnes aufgerieben (431 bis 404); die Korinthischen Kriege (387 bis 359) schließlich brachten die griechischen Poleis an ihre Grenzen. (Vgl. Stähli, A., 2018a, S. 43 ff.) Politisch kraftlos, wirtschaftlich ausgezehrt und einig allein in ihrem Groll gegen die Perser, sind die Menschen des endlosen Blutvergießens überdrüssig. Das antike Griechenland ist am Ende.

Der eigentliche Sieger des Peloponnesischen Krieges lauert im Osten. Das sich vom Hellespont bis an die Grenzen des heutigen Kasachstan erstreckende Herrschaftsgebiet der persischen Großkönige ist das größte Reich der Welt, ein wirtschaftlicher und militärischer Koloss. Es gab „kein politisches System von annähernd vergleichbarer Größe, das fähig gewesen wäre, das Achämenidenreich an seinen Grenzen herauszufordern“. (Kuhrt, A., 2009, S. 77) Die Schwäche seiner Nachbarn ist ein Glücksfall für die persischen Herren. Ungestört können sie ihren Griff auf ihre Satrapien festigen und letztlich sogar die Oberhoheit über die griechischen Küstenstädte Kleinasiens zurückerobern.

Beobachtern scheint es daher nur eine Frage der Zeit, bis die gewaltige Perserflotte aufs Neue über die Ägäis setzt und das ausgeblutete und zerstrittene Hellas bedroht.

Aber die Geschichte hält Überraschungen bereit. Der Zerfall der griechischen Stadtstaaten bereitet einer neuen Macht den Weg, die sich den Persern entschlossen entgegenstellen wird.

## Unter Philipp II. wächst Makedonien über sich hinaus

Das kleine Königreich Makedonien, rund dreihundert Jahre zuvor von den Argeaden im Norden Griechenlands gegründet, hat sich weitgehend aus den Streitigkeiten der Nachbarn im Süden herausgehalten. Darum schenken weder Griechen noch Spartaner dem Land besondere Beachtung. Seit 359 führt Philipp (382 bis 336) die Regierungsgeschäfte für seinen unmündigen Brudersohn Amyntas. Im Sommer 356, soeben ist mit seinem Sohn Alexander ein Erbe zur Welt gekommen, steigt er selbst als König Philipp II. auf den Thron. Der steht schon seit 410 nicht mehr in der antiken Hauptstadt Aigai, sondern am Verwaltungssitz in Pella, rund 45 Kilometer äquidistant gelegen zwischen Thessaloniki im Osten und Edessa im Westen.

Philipp ist im Exil in Theben aufgewachsen und zu einem klugen politischen Beobachter und Diplomaten gereift, der energisch gegen die Hauptschwäche Makedoniens vorgeht: Über die ungesicherten Außengrenzen im Norden fallen Illyrer, Thraker und Kelten immer wieder ins Land ein und schüren Aufstände gegen das Herrscherhaus. Darum befriedet der König im ersten Schritt die regionalen Fürsten und sorgt für Stabilität. Danach befreit er Makedonien aus der griechischen Kontrolle. Und schließlich weist er mit Waffengewalt die übergriffigen Nachbarn in die Schranken.

Das zeigt Wirkung auch nach innen. Mit den Triumphen auf den Schlachtfeldern lenkt Philipp die Loyalität seiner Soldaten von den adligen Führern Makedoniens auf ihn selbst um, auf den siegreichen König. „Die makedonische Armee wurde das große Instrument, durch das und in dem sich ein historisch neuartiges gesamtmakedonisches Bewusstsein zwischen 359 und 336 herausbildete", betont Johannes Engels. (2012, S. 33) „Der Stolz auf das Königreich und die Loyalität des Adels wie der Masse der freien Bauern und Hirten zu Philipp II. wuchsen mit jedem gemeinsam geführten Krieg und jedem errungenen Sieg."

Philipps Hass auf die Perser steht dem der Griechen in nichts nach. Am Ausgang der 350er-Jahre kann er sich seiner Raison d'Être zuwenden und das makedonische Heer auf den Rachefeldzug gegen die Achämeniden vorbereiten. Durchführen und vollenden wird ihn allerdings erst sein Sohn Alexander.

## Die makedonische Phalanx

Ihren legendären Ruf verdankt die makedonische Armee den von Philipp II. durchgeführten Reformen der Reiterei und der Nahkampfformationen der Infanterie, der sogenannten Phalanx. Sie ist etwa 12000 Mann stark; ausgestattet sind die Fußsoldaten mit Schwert und ledernem Panzer, Helm und Beinschienen sowie einem Rundschild. „Die schwer bewaffneten ‚Gefährten zu Fuß' (Pezhetairen) mit 9000 Mann trugen eine fünf bis sechs Meter lange und bis zu acht Kilogramm schwere Lanze (Sarissa). Die leichter bewaffneten ‚Schildträger' (Hypaspisten) mit 3000 Mann führten kürzere Lanzen von etwa zwei Meter Länge mit sich und waren dadurch beweglicher." (Kühnelt, E., 2009, S. 264) Es sind vor allem die auf Geheiß von Philipp eingesetzten – möglicherweise von ihm erfundenen – Sarissen, die den Soldaten „in der Reichweite und Stoßkraft gegenüber der damals üblichen Hoplitenausrüstung der griechischen Heere oder auch der Bewaffnung achämenidischer Infanterie einen entscheidenden Vorteil verschafften, wenn geschlossene Fußtruppenformationen ... im Nahkampf aufeinanderprallten." (Engels, J., 2012, S. 23) Den beschreibt der an der Universität Köln lehrende Althistoriker mit wenigen Worten: „Sofern strikte Disziplin aller Kämpfer den Zusammenhalt der Phalanx bewahrte, konnte gleichzeitig der Verteidigungsschild der Soldaten verkleinert und damit die Beweglichkeit der Phalanx erhöht werden." (ebd.)

Um die Schlagkraft der Phalanx weiter zu erhöhen, stellt Philipp den Infanteristen leicht bewaffnete Spezialeinheiten aus Speerwerfern, Schleuderern und Bogenschützen an die Seite. Den militärgeschichtlichen Wendepunkt hin zu einer „modernen" Armee freilich markieren Systematik und Disziplin.

*Abbildung 2: Philipp II. von Makedonien*

Der König lässt die Phalanx und deren Zusammenwirken mit der Reiterei wieder und wieder exerzieren. Dabei verlangt er seinen Kriegern einiges ab. „Philip trained his men by forcing them to march 300 stades (over 30 miles) in a single day, wearing their helmets and greaves, and carrying their shields, sarrisais, and their daily provisions." (Heckel, W., Jones, R., 2008, S. 12) Über die Jahre zeigt die Neuordnung des Heeres Wirkung. „Viele eindrucksvolle Siege Philipps und Alexanders beruhten auf der Durchschlagskraft der makedonischen Hetairenreiterei, der adligen Gefährten des Königs, und der Reiterei der verbündeten Thessaler." (Engels, J., a.a.O.)

*Abbildung 3: Basiseinheit der makedonischen Phalanx (Speira)*

## Philipp greift nach der Hegemonie und bringt damit die griechischen Poleis gegen sich auf

Der makedonische König denkt aber nicht nur an das Gefecht Mann gegen Mann. In jedem Krieg gibt es militärtechnische Herausforderungen, die zu bestehen weniger körperliche Kraft als den Einsatz des Verstandes erfordern. So lässt er Pioniere, darunter auch griechische Spezialisten von exzellentem Ruf, Blockaden einüben und neuartige Belagerungsmaschinen entwerfen, die später noch Alexander zugutekommen werden (siehe S. 84f., Kap. 3, Belagerung von Tyros). Der Aufbau einer makedonischen Seemacht gelingt Philipp zwar nicht, er setzt auch keine große Energie daran, doch dank seiner Militärreformen wird das makedonische Heer nach 356 zur stärksten Armee der Antike – und das vorher unbedeutende Makedonien zu einem ernsthaften Machtfaktor in Griechenland. „Um 345 (…) konnte man ihm einen Krieg gegen das Weltreich Persien zutrauen – und spätestens ab 338 liefen konkrete Planungen dafür, die Philipps Sohn Alexander III., der Große, dann umsetzen sollte." (Schmidt-Hofner, S., 2016, S. 310)

Um mit heimischer Rückendeckung gegen die Perser ziehen zu können, sucht Philipp II. die Griechen unter seiner Hegemonie zu einen. Diesen Anspruch lässt er sich 346 vom Orakel in Delphi bestätigen – sehr zum Missfallen der noch immer im Konkurrenzdenken verhafteten griechischen Stadtstaaten. Demosthenes, der Anführer Athens, schmäht die Makedonier als „Barbaren" (die Fremden) und spricht ihnen das Hellenentum ab. Die wenigen, die sich für die Führungsrolle Philipps aussprechen, werden politisch und gesellschaftlich geächtet. Nach einer langen Reihe von Überfällen, Schlachten, Wechsel der Bündnispartner, Waffenstillständen, Belagerungen, neuen Gefechten und Verhandlungen bringt der athenische Politiker Philokrates schließlich 346 einen Friedensschluss zustande. Darin wird, für die Athener gesichtswahrend formuliert, die Überlegenheit der Makedonier eingestanden.

### Aristoteles wird der Lehrer Alexanders

Auch Aristoteles, einst in Athen und jetzt auf Lesbos lehrender Philosoph und Naturforscher, gereicht seine Sympathie für die Ambitionen des Königs aus dem Norden zum Nachteil. Da trifft es sich gut, dass ihn Philipp 343 nach Makedonien einlädt: Aristoteles soll die Erziehung des 13-jährigen Thronfolgers Alexander vervollständigen und ihn in die Wissenschaften einführen. Damit will der Vater dem Prinzen eine klassische griechische Bildung ermöglichen, die er von dessen Mutter nicht erwarten kann. Die Ehe mit Olympias, einer Königstochter aus der tribalen Bergregion Epeiros (heute Südalbanien), war das Resultat nüchterner Bündnispolitik. Neben ihr ist Philipp mit fünf weiteren Frauen verheiratet.

Zu diesem Zeitpunkt haben sich die königlichen Eltern längst entzweit. „Alexanders Mutter tritt uns in der Überlieferung als exzessives Weib entgegen, die dem Kult des Dionysos mehr zugetan war, als man einer Frau in ihrer Position zugestand. Mit ‚barbarischer Wildheit' steigerte sie sich in ‚Gottesbesessenheit' hinein und pflegte zudem, was sie besonders unheimlich erschienen ließ, zahme Schlangen mit sich zu tragen." (Weber, P., 2007, S. 26) Bis zu seinem siebten Lebensjahr wächst Alexander in der Obhut seiner von ihm angebeteten Mutter auf. Erst dann kommen zwei Erzieher hinzu, die ihn im Lesen und Schreiben, im Tanz und in der Musik unterweisen. Schon jetzt lässt Alexander großes Selbstbewusstsein erkennen. „Zur Belustigung einer athenischen Gesandtschaft, die 346 in Pella weilte, trug bereits der Zehnjährige spaßige Lieder vor." (Wiemer, H.-U., 2015, S. 80) Von Olympias heißt es, sie nutze die enge Mutter-Sohn-Bindung ichsüchtig aus, um Alexander gegen den Vater einzunehmen. Vom loyalen Aristoteles erhofft sich Philipp einen anderen Einfluss auf den Heranwachsenden.

Den 384 geborenen und mit 41 Jahren schon hochbetagten Philosophen reizt die Erziehung des makedonischen

Erbprinzen, von dessen Talenten ihn Philipp voller Vaterstolz in Kenntnis setzt. Nach einer Erzählung des griechischen Verfassers Plutarch (45 bis 125 n. Chr.) soll es allein Alexander in jungen Jahren gelungen sein, das ungestüme Pferd Bukephalos zu bändigen. Alexander habe als Einziger erkannt, dass das Tier den eigenen Schatten fürchtete, und es eingedenk dieser Erkenntnis mit viel Geduld zu zähmen vermocht. Daraufhin habe Philipp zu ihm die prophetischen Worte gesprochen: „Geh, mein Sohn, suche dir ein eigenes Königreich, das deiner würdig ist. Makedonien ist nicht groß genug für dich." Vom Spross dieses Herrschergeschlechtes erhofft sich Aristoteles die Kraft zur Einigung und Erneuerung der ermatteten Stadtstaaten Griechenlands – und die Niederschlagung Persiens.

## Wie Plutarch die erste Begegnung des Lehrers mit seinem Schüler beschreibt

Vor den Toren von Mieza, einer kleinen Stadt an den östlichen Ausläufern des Vermiogebirges westlich der alten Hauptstadt Aigai, trifft der anreisende Aristoteles auf gepanzerte Buben, in Reihen formiert und mit beidseitig zugespitzten Lanzen bewaffnet. Auf Kommando führen sie taktische Manöver aus, blitzschnell und in Perfektion – die viel gerühmte makedonische Phalanx en miniature. Von der Seite jagt eine Schar adliger Reiter heran, angeführt von einem Jüngling mit hoch über seinen Kopf dem Gegner entgegengestreckter Sarissa. Angesichts der blitzenden Augen und der kaum gezügelten Kraft des Jungen ahnt der Philosoph, dass dort der Prinz von Makedonien heranstürmt. Und wirklich, er ist es. Mit diesem Alexander hat Aristoteles seine Altersaufgabe gefunden. In den nächsten drei Jahren wird er den Geist des jungen Makedoniers für das Wissen der Welt öffnen und in seinem Herzen das Ethos des Panhellenismus schüren.

Über Alexanders Kindheit und Jugend wissen wir wenig, am meisten noch, obschon gefärbt von idealisierender Begeisterung, aus den Schriften des Plutarch. Sabine Müller (2019, S. 49) kleidet die Laudatio des antiken Biografen in nüchterne Worte: „Plutarchs kleiner Alexander ... benimmt sich von früh auf wie ein Erwachsener – zudem wie ein besonderes Musterbeispiel griechischer (Herrscher-) Tugenden." Um dem Biografen gerecht zu werden, muss man ergänzen: In der Antike wie auch in späteren Epochen wurden Kinder grundsätzlich als kleine Erwachsene betrachtet. Erst seit dem 20. Jahrhundert gilt die Kindheit als eigenständige Entwicklungsphase, die von Erwachsenen ein besonderes Verständnis und Verhalten gegenüber Heranwachsenden fordert.

## Eine klassische griechische Bildung – und dazu die Pagenschule

Die Ausbildung des Prinzen von Makedonien hat Hans-Joachim Gehrke gründlich erforscht. Er berichtet (2013, S. 19 f.): „Alexander ... wurde in jeder Hinsicht auf seine herrscherliche Tätigkeit vorbereitet. Gemeinsam mit etwa gleichaltrigen Jungen aus den vornehmsten makedonischen Familien erhielt er eine nachgerade perfekte Erziehung. Dazu gehörte natürlich auch die militärische Ausbildung." Nicht minder wichtig sind der Sport und die Jagd. Auch hierin übt sich Alexander Tag für Tag gemeinsam mit seinen Gefährten (griechisch hetairoi), und Plutarch zufolge bereitet das dem Heranwachsenden ebenso große Freude wie das Studium der Heldensagen.

Die intensive, durch Auswendiglernen fest im Kopf verankerte Lektüre der homerischen Epen und die darin enthaltenen Lehren von der Freundschaft, der Feindschaft, der Leistung und dem Mut im Angesicht des Todes beeindrucken Alexander immens. „Achill, dessen Wahlspruch lautete, immer der Beste zu sein und die anderen zu übertreffen, wurde ihm zu einem leuchtenden Vorbild, dem er nacheifern wollte. (…) Diese Orientierung an Gestalten, die für uns dem Mythos angehören, ist in ihrer Bedeutung für Alexander kaum zu überschätzen." (Wiemer, H.-U., 2015, S. 81) Sie fällt auf einen fruchtbaren Nährboden. Seine Mutter Olympias flößt ihm die Überzeugung ein, über ihre Familie ein Abkömmling von Achilleus, dem Helden von Troja, zu sein, und sein Vater leitet seine Herkunft vom unbezwingbaren Kämpfer Herakles her. Weil beide Heroen von Zeus abstammen, versteht sich Alexander als legitimer Nachfahre der Olympier.

Den von ihm vergötterten Vorbildern folgend baut der Jüngling zu seinen hetairoi intensive und bis zum Tod reichende

Beziehungen auf. Aus dem Kreis seiner Jugendfreunde stammen alle seine späteren Berater und Offiziere. Eine besonders innige Freundschaft verbindet Alexander mit dem etwa vier Jahre jüngeren Adelsspross Hephaistion. Er wird zeit seines Lebens ständig in der Nähe des Königs und ihm der liebste und loyalste seiner Gefährten sein. Zum Dank wird ihn Alexander Jahre später zum zweiten Mann seines Reiches erheben.

Philipp besteht auf mehr als einer umfassenden griechischen Bildung. Auf ihn zurückgehen soll die Einrichtung der königlichen Pagenschule, in der die Söhne des makedonischen Adels in das hellenische Selbstverständnis, das edle Wesen des Dienens für sein Land und in die makedonische Kriegskunst eingeführt wurden. Damit sollen sie auf die Aufgaben im Dienste des Königs vorbereitet werden. Auch Alexander und seine Gefährten besuchen die Schule der Pagen, wo sich Hofmeister und Lehrer um ihre höfische Erziehung kümmern. Pagenschulen oder „Kadettenanstalten" haben sich in Europa bis weit ins 19. Jahrhundert erhalten.

Mit dem Hinzutritt des Intellektuellen Aristoteles wird Alexanders Ausbildung ab 343 noch intensiviert. Der Prinz erhält vorzüglichen Unterricht in Geografie, Mathematik, Medizin, Astrologie, Moral und Ethik sowie in der griechischen Literatur, er studiert Aischylos, Sophokles, Euripides, Herodot und besonders gründlich das Heroenepos *Ilias*. „Ein von Aristoteles philologisch bearbeitetes Exemplar begleitete ihn auf seinen Feldzügen, als ‚Proviant der kriegerischen Tüchtigkeit', wie er sagte, und in einem Kistchen lag es unter seinem Kopfkissen, zusammen mit einem Kurzschwert." (Gehrke, H.-J., 2013, S. 21) Aristoteles hält den Prinzen zur Tüchtigkeit an, ein in der Antike außerordentlich hochstehender Wert, dem sich gerade auch die großen Helden des Mythos leidenschaftlich verschrieben haben. „Dieser Sehnsucht nach Leistung wird alles andere hintangestellt ... Die Annahme liegt nahe, dass Aristoteles' Ratschläge an seinen Schüler solchen Tenor hatten." (Ebd., S. 21 f.)

*Abbildung 4: Aristoteles und sein Schüler Alexander*

So groß der Einfluss von Aristoteles auf Alexander auch sein mag – die politischen Vorstellungen seines Zöglings teilt der Philosoph nicht. Als Jugendlicher träumt Alexander von einem Weltreich, in dem die unterworfenen Völker gleichberechtigt neben Makedoniern und Griechen leben. Dieses Denken widerspricht der ständischen Ordnung im griechischen Stadtstaat des Aristoteles, in dem Nichtgriechen den

Sklaven gleichgestellt und vom politischen Leben ausgeschlossen sind. (Vgl. Stähli, A., 2018a, S. 31 f.) Im Laufe der Zeit vertiefen sich die ideologischen Gegensätze zwischen Lehrer und Schüler. Es kommt aber nie zum offenen Zwist.

## Die griechischen Stadtstaaten schließen sich zum Hellenischen Bund zusammen

340/339, Alexander blickt seinem 16. Geburtstag entgegen, ist die unbeschwerte Jugendzeit vorüber. Seine Ausbildung ist abgeschlossen. Aristoteles bleibt am Hof in Pella. Er wird erst einige Jahre später nach Athen zurückgehen, um dort eine Philosophenschule zu gründen. Historiker können belegen, dass das Schüler-Lehrer-Verhältnis nicht abrupt endet, sondern durch sporadische Unterweisungen fortgeführt wird.

Viel Zeit hat Alexander dafür allerdings nicht, denn sein Vater bezieht ihn mehr und mehr in die makedonischen Regierungsgeschäfte ein. Ein Dauerthema ist der auf beiden Seiten mit kleinen und größeren Nadelstichen betriebene Machtkampf mit Athen. Im Hintergrund bereitet Philipp den Rachefeldzug gegen die Perser vor. Etwa ab 342/341 lässt er an strategischen Stellen entlang der Ostküste Griechenlands Brückenköpfe errichten, Landeplätze sichern und Festungen bauen. Das empfinden die freien Poleis als übergriffig. Sie suchen Schutz beim neu gegründeten Hellenischen Bund, der unter Führung Athens Philipps hegemonialen Anspruch zurückdrängen will. Binnen Jahresfrist tritt auch Athens alter

Rivale Theben dem Bündnis bei. „Nun, ganz zuletzt, stand Griechenland doch weitgehend einig gegen die Makedonen zusammen." (Gehrke, H.-J., 2013, S. 24)

Als Philipps Heer mit dem König an der Spitze gegen die aufständischen Städte Byzanz und Perinth am Marmarameer zieht, muss sich Alexander zum ersten Mal in offizieller Funktion bewähren: Sein Vater setzt ihn als seinen Stellvertreter in Makedonien ein. „Während der langen Abwesenheit Philipps ... empfing Alexander auswärtige Gesandte und führte zum ersten Mal ein selbstständiges militärisches Kommando; er warf den thrakischen Stamm der Maider nieder und gründete in ihrem Gebiet die Stadt Alexandrúpolis." (Wiemer, H.-U., 2015, S. 83) Es wird nicht die letzte Stadt sein, die seinen Namen trägt.

Obwohl sich das Kräftegleichgewicht inzwischen deutlich zugunsten der Makedonier verschoben hat, gelingt es Philipps Armee nicht, dem Hellenischen Bund die beiden Städte abzutrotzen. Um die Athener unter Druck zu setzen und einen offenen Krieg zu provozieren, lässt er die alljährliche Getreideflotte auf ihrem Weg vom Schwarzen Meer nach Athen nahe Byzanz aufbringen. Angesichts der drohenden Hungersnot erklärt Athen daraufhin den ohnehin zerrütteten Philokratesfrieden von 346 für gebrochen. Im Verbund mit den Thebanern fühlt sich die Polis stark genug, um dem Vormarsch Makedoniens Einhalt gebieten zu können. Philipp nimmt den Fehdehandschuh auf und zieht Seite an Seite mit seinem Sohn Alexander in die Schlacht.

## Alexanders Feuertaufe in der Entscheidungsschlacht bei Chaironeia

In den ersten Augusttagen des Jahres 338 rückt das 30 000 Mann starke makedonische Heer unter der Führung Philipps II. auf Theben und Athen vor. Seine zahlenmäßig ebenbürtigen Gegner haben sich in der Ebene bei Chaironeia formiert und blockieren so den Weg zu den beiden Städten. Der Ort ist gut gewählt. Die linke Flanke der griechischen Schlachtordnung verläuft quer zu den Ausläufern des Berges Thurion, sie ist daher leicht zu verteidigen, und die rechte Flanke wird durch den Fluss Kephisos geschützt. Philipp führt den rechten Flügel der Makedonier und überträgt seinem 18-jährigen Sohn das Kommando über den linken Flügel. Der junge Alexander brennt darauf, sich vor den Augen seines Vaters und der ihm zur Seite gestellten makedonischen Offiziere zu bewähren.

Tatsächlich hebt die Schlacht kräftemäßig ausgeglichen an. Doch dann befiehlt Philipp seinem Flügel einen taktischen Rückzug. Die Griechen setzen nach und sehen den Sieg bereits vor ihren Augen, doch Alexander durchkreuzt ihre Pläne. Mit seinen Gefährten prescht er gegen alle Widerstände auf der linken Seite vor und macht dabei eine 300 Mann starke thebanische Eliteeinheit nieder. Das öffnet eine Lücke im Zentrum der griechischen Phalanx. Unerschrocken stößt Alexander dort hinein, während sein Vater die Fußtruppen erneut vorrücken lässt. Auf diese Weise von zwei Seiten attackiert, ergreifen die Griechen die Flucht. Der Geschichtsschreiber Plutarch, der 383 Jahre später in Chaironeia zur Welt kommen wird, berichtet über die Schlacht, „dass er (Alexander, d. Verf.) als Erster in die heilige Schar der Thebaner einbrach (...) Infolgedessen steigerte sich begreiflicherweise Philipps Liebe zu seinem Sohn aufs Höchste, sodass er sich sogar freute, wenn die Makedonen Alexander den König und Philipp den Feldherrn nannten." (Plutarch, 1991, S. 50)

Mit dem Sieg bei Chaironeia hat Philipp mehr erreicht, als es den Persern oder den griechischen Großmächten jemals gelungen war: die Herrschaft über ganz Griechenland. „Er musste sie nun freilich auch politisch gewinnen, da er ja weithin als Unterdrücker und Eroberer galt." (Gehrke, H.-J., 2013, S. 25) Also schickt Philipp seinen Sohn nach Athen. Dort soll Alexander zusammen mit dem makedonischen Feldherrn Antipater den Frieden aushandeln. Der König aber wendet sich nach Olympia und stiftet im dortigen heiligen Hain einen Rundbau, das Philippeion. Dessen Innenraum zeigt die aus feinstem Marmor gemeißelte makedonische Königsfamilie – ein unübersehbarer Fingerzeig an Athen und Theben, wessen Geschlecht fortan das Sagen haben wird in Griechenland. Der Hellenische Bund jedoch ist Geschichte.

## Der Korinthische Bund beschließt den Feldzug gegen den Erzfeind Persien

Im Sommer 337 kommen hochrangige Abgesandte fast aller griechischen Städte auf dem Isthmos von Korinth zusammen.

Sie folgen dem nach der Schlacht von Chaironeia ergangenen Aufruf des Königs von Makedonien, im dortigen Heiligtum des Poseidon über die Bildung eines neuen panhellenischen Bundes zu beraten. Die Wahl des Ortes zeigt Philipps Gespür für historische Zusammenhänge. Hier hatten sich die Griechen schon einmal versammelt (481), um den ersten Hellenenbund zur Abwehr der Perser unter Xerxes I. zu schließen. Und so bildet auch bei diesem Treffen die Rache an Persien das bestimmende Motiv. Deshalb bleibt Sparta dem Bund fern. Ein halbes Jahrhundert zuvor (386) hatte es mit dem Erzfeind den umstrittenen Königsfrieden geschlossen, in dem die Griechenstädte an der ionischen Küste an die Achämeniden abgetreten worden waren.

Bereits auf der ersten Sitzung des Korinthischen Bundes wird Philipp zum obersten Bundesfeldherrn gewählt. Dieses Amt, faktisch das des Hegemons, ist in Personalunion mit dem makedonischen Königtum verbunden und damit erblich. In der Gewissheit, von den Göttern abzustammen, nimmt der junge Alexander die ihm in seiner künftigen Rolle zuwachsende Machtfülle äußerlich unbeeindruckt entgegen. Mit den damit einhergehenden Pflichten ist er seit Kindesbeinen vertraut.

Um den Bundesvertrag durchzusetzen, Dritte abzuwehren und den Hegemon im Fall einer Kriegserklärung gegen Dritte militärisch zu unterstützen, stellt der Bund 20 000 Fußsoldaten und 1 200 Berittene bereit. Wer dieser „Dritte“ sein soll, steht ohnehin fest. So wird der Krieg gegen Persien, dessen tatsächliche Heeresstärke nun von den euphorisierten Griechen in Zweifel gezogen wird, ebenfalls am ersten Tag beschlossen. Der König von Makedonien wird ermächtigt, den Kampf zu führen und, so lautet seine erste Aufgabe, die griechischen Handelsstädte in Kleinasien den Persern zu entreißen. „Ob Philipp mit dem Perserkrieg noch weiter reichende Ziele verband, etwa die Eroberung des gesamten Reiches, ist mehr als fraglich", interpretiert Historiker Gehrke (2013, S. 27) die antiken Quellen. „Schon dass ein König aus Makedonien die alleinige Führungsrolle in Griechenland hatte, überstieg jede Vorstellung. Ein erfolgreicher Feldzug in Kleinasien, verbunden mit einer ‚Befreiung' der griechischen Städte, musste trotz aller Vermutungen über persische Schwächen alles andere als selbstverständlich scheinen."

Und so beschließt die Ratsversammlung des Korinthischen Bundes zu Beginn des Jahres 337, gegen die Perser in den Krieg zu ziehen.

## Zwischen Vater und Sohn brechen Konflikte aus

Der fast 19-jährige Alexander richtet sich darauf ein, seinen Vater während des geplanten Feldzugs am makedonischen Hof zu vertreten. Dazu wäre es wohl auch gekommen, hätten sich Vater und Sohn nicht im Sommer desselben Jahres ernsthaft zerstritten.

Dem Zerwürfnis geht eine Eigenmächtigkeit des Sohnes voraus, die der Vater nicht straflos hinzunehmen bereit ist.

Philipp möchte Alexanders Halbbruder Arrhidaios mit der Tochter eines persischen Satrapen verheiraten. Doch just um diese hat sich hinter Philipps Rücken auch der Thronfolger beworben. Der König – in der festen Überzeugung, Alexander habe die kriegsstrategisch wichtige Verbindung bewusst hintertrieben – verbannt mehrere Freunde Alexanders aus Makedonien. Nun grollt der Sohn dem Vater – was ihn erneut unter den Einfluss seiner intriganten Mutter Olympias bringt und noch mehr von Philipp entfremdet.

Als der König kurz darauf eine weitere Ehe mit Kleopatra eingeht, die Nichte seines hochgeschätzten Generals Attalos, die ihm vor Kurzem eine Tochter geboren hat, kommt es beim Hochzeitsfest zum Eklat: Attalos fordert die Anwesenden auf, zu den Götter zu beten, es möge Philipp von Kleopatra ein ebenbürtiger Sohn geboren werden. „Damit deutete er an, dass die vorhandenen Söhne Philipps Bastarde seien, weil sie von nicht makedonischen Frauen zur Welt gebracht worden waren, und stellte indirekt die Thronfolge Alexanders in Frage." (Wiemer, H.-U., 2015, S. 85)

Es weist zwar nichts darauf hin, dass Philipp einen anderen als Alexander, auf dessen Ausbildung er so viel Mühe verwandt hat, als seinen Nachfolger sieht. Aber man kann auch nicht ausschließen, dass Alexander genau das befürchtet. Überdies bedeuten Attalos Worte einen ungeheuren Affront gegenüber dem Kronprinzen und seiner Mutter. Zornig stürmt Alexander auf den General zu, doch Philipp verhindert den Angriff und stellt sich vor Kleopatra und deren

Familie. Solcherart brüskiert verlassen Olympias und Alexander tags darauf die Hauptstadt. Die Mutter geht in ihre Heimat Epeiros zurück. Attalos wird von Philipp zusammen mit Parmenion als Vorauskommando an die ionische Küste beordert. Und Alexander bricht auf nach Illyrien, um Truppen für den Persienfeldzug zu rekrutieren.

## Das Rätsel um die Ermordung Philipp II.

Im Jahr darauf gelingt ein Vermittlungsversuch, und Philipp und Alexander versöhnen sich wieder. Allein das Verhältnis der beiden ebenso selbstbewussten wie willensstarken Männer bleibt gespannt. Als wolle man die wiedergewonnene Eintracht im Königshaus unter Beweis stellen, wird in der alten Hauptstadt Aigai eine Hochzeit angekündigt: Alexanders Schwester Kleopatra, Philipps einzige Tochter, wird sich dort im Sommer 336 mit dem König von Epeiros vermählen, dem Bruder der Olympias. Doch die demonstrative Zurschaustellung dynastischer Geschlossenheit wird für Philipp ein tragisches Ende nehmen: Als der König, begleitet von Sohn und Schwiegersohn, das Theater von Aigai betritt, wird er niedergestochen und tödlich verletzt. Der Mörder Pausanias, ein Mitglied der königlichen Leibwache, wird nach kurzer Flucht gefasst und getötet.

Dass Pausanias der Täter ist, kann niemand bestreiten; viele Augenzeugen können das bestätigen. Aber ob er aus eigenem Antrieb gehandelt hat oder im fremden Auftrag, wird auf immer eines der ungelösten Rätsel der Geschichte bleiben. Philipps Frau Olympias hat ihrem Gatten zwar lange schon den Tod gewünscht, doch sie zieht daraus keinen persönlichen Nutzen. Im Gegenteil: Als Witwe ist sie ihres königlichen Standes beraubt.

Alexander hat seit dem Zerwürfnis ebenfalls ein Motiv, und gewiss hätte er viel lieber den Feldzug nach Persien angeführt, als am makedonischen Hof die Stellung zu halten. „Doch die chaotischen Umstände seines Herrschaftsantritts sprechen gegen die Annahme, er habe die Ermordung Philipps angestiftet, um selber König zu werden, zumal er seinen Vater leicht in einem Umfeld hätte umbringen (lassen) können, das er weit besser zu kontrollieren vermochte.“ (Wiemer, H.-U., 2015, S. 85)

Ein weiterer denkbarer Drahtzieher des Komplotts könnte der persische Statthalter in Kleinasien sein. Er hat ein starkes Motiv, das sich vor seinen Augen an der ionischen Küste erhebt: das makedonische Heer. Es wartete auf seinen neuen Anführer – Alexander, den König von Makedonien.

KAPITEL 2

# Alexander, der geniale Eroberer

## Vom Balkan bis nach Anatolien: Vor den Augen der Welt erwächst ein großer Krieger

Mit dem Tod Philipps II. von Makedonien ist der Weg frei für Alexander. Im Palast der antiken Hauptstadt Aigai lässt er sich zum König ausrufen und verspricht den Makedoniern, die Politik seines Vaters fortzusetzen. Um Respekt am Hofe zu gewinnen, muss er jedoch die drohenden Nachfolgestreitigkeiten im Keim ersticken. Was außer demonstrativ gezeigte Entschlossenheit und Härte könnten die Neider am Hof im Zaum halten und gleichzeitig die Nachbarn Makedoniens davon abhalten, die fragile Autorität des jungen Königs auszunutzen und sich von der Führungsmacht loszusagen?

Also greift Alexander durch. Hier erkennen wir bereits ein hervorragendes Merkmal seiner Persönlichkeit: Wenn es nötig ist, tut der Makedonier, was zu tun ist – und zwar genau zu dem Zeitpunkt, an dem es notwendig ist. Nach der prunkvollen Beisetzung König Phillips lässt er jene noch am Grabe hinrichten, die in das Attentat auf den Vater verwickelt sind. „Persönliche Rache und kalkulierte Herrschaftssicherung gingen in dieser Krisensituation nahtlos ineinander über." (Wiemer, H.-U., 2015, S. 85) Königinmutter Olympias zwingt Phillips junge Witwe Kleopatra zum Selbstmord. Alexander, so heißt es, soll die grausame Tat bedauert haben, doch er bestrafte sie nicht. Angesichts des stählernen Willens Alexanders sucht sein Vetter Amyntas, der Sohn von Philipps älterem Bruder Perdikkas III., in Theben nach Unterstützung für einen Umsturzversuch gegen den König. Er muss seinen Thronanspruch mit dem Leben bezahlen.

Zu seinem Glück kann sich Alexander auf die Treue der Generäle seines Vaters verlassen. Antipater nimmt das Militär für ihn ein und sorgt schon bald als sein Stellvertreter für Ruhe in Griechenland. Und der kriegserfahrene Parmenion bekundet seine bedingungslose Loyalität, indem er seinen eigenen Schwiegersohn Attalos, den nach einem legitimen Thronerben stichelnden Onkel von Philipps letzter Frau Kleopatra, durch Meuchelmörder töten lässt. Allerdings ist die Tat nicht uneigennützig. Mit der Vernichtung des gleich ihm im Generalsrang stehenden Attalos sichert sich Parmenion dessen Nachfolge als Befehlshaber in Kleinasien und freie Hand für die Leitung des nächsten Feldzugs. Ein Aufstand der Truppen steht nicht zu befürchten. „Das Heer sah den Familienmorden, die den Beginn jeder neuen Regierungszeit kennzeichneten, teilnahmslos zu." (Lane Fox., R., 2010. S. 35)

## Drei Herausforderungen muss Alexander meistern

Philipp II. hatte seinem Sohn nicht nur eine schlagkräftige Armee mit fähigen Generälen und modernsten Waffen hinterlassen. Auch Alexanders weit über Makedonien hinausreichenden politischen und militärischen Ambitionen sind ihm in die Wiege gelegt. Visionärer noch als sein Vater, will Alexander ein Balkanreich von der unteren Adria bis zur Westküste des Schwarzen Meeres errichten. Er will den neu gebildeten Korinthischen Bund unter seinem Befehl festigen und aufrüsten. Und er will endlich den Rachefeldzug gegen das Persische Reich über Kleinasien hinaustragen und den Sieg erringen. Seit Frühjahr 336 steht ein makedonisches Heer in Kleinasien, das zuerst von Attalos und jetzt von Parmenion befehligt wird. „Das etwa 10000 Mann starke Expeditionskorps hatte bedeutende Anfangserfolge errungen; es war bis weit nach Ionien hinein vorgedrungen und hatte in Ephesos den Sturz des Regimes propersischer Oligarchen herbeigeführt." (Wiemer, H.-U., 2015, S. 90) Dem persischen Heer war es jedoch unterlegen und auf einen Brückenkopf bei der Stadt Abydos zurückgedrängt worden. Es gibt viele, die dem jungen Mann die Bewältigung dieser Herkulesaufgaben nicht zutrauen. Alexander wird sie eines Besseren belehren.

Die Ersten, die die Entschlossenheit des jungen Königs zu spüren bekommen, sind die griechischen Stadtstaaten. Dort wittern manche die Chance, die von Philipp nach seinem Sieg bei Chaironeia etablierte Vorherrschaft wieder abschütteln zu können. Ein wilder Haufen Thessalier besetzt den Tempepass zwischen Olymp- und Ossagebirge. In Theben und Ambrakia wird die makedonische Besatzung vertrieben. Die Aitoler greifen im benachbarten Akarnanien ein. Auf dem Peloponnes brechen Unruhen aus. „In Athen" – dort bereitet man sich schon jubelnd auf den sehnsüchtig erwarteten

Befreiungskrieg vor – „ging Demosthenes bekränzt in die Versammlung des Rates der 500 und brachte den Göttern ein Dankopfer dar; von dem ‚dummen Jungen', der jetzt in Pella regiere, hätten die Athener nichts zu befürchten." (Wiemer, H.-U., 2015, S. 86) Der Korinthische Bund ist nahe daran, auseinanderzubrechen. Will Alexander das verhindern, dann muss er jetzt Klugheit, Kraft und Überlegenheit beweisen.

## Alexander erneuert den Korinthischen Bund

Philipp liegt noch nicht lange unter der Erde, da zieht Alexander schon an der Spitze einer makedonischen Streitmacht nach Süden. Die Gruppe abtrünniger Thessalier umgeht er geschickt und lässt sich hinter ihrem Rücken vom Thessalischen Bund mit denselben Vorrechten ausstatten, die einst seinem Vater gewährt wurden. Weil angesichts des überraschenden Auftauchens Alexanders jeglicher Widerstand zusammenbricht, lässt er gegenüber Ambrakia, Theben und Athen Gnade vor Recht walten. Damit hat er die Vertreter Nord- und Mittelgriechenlands auf seiner Seite. Die Zurschaustellung seiner hochgerüsteten Armee bleibt auch auf dem Peloponnes nicht ohne die gewünschte Wirkung.

In Korinth angekommen, hält Alexander vor den dorthin beorderten Ratsmitgliedern des Korinthischen Bundes eine flammende Rede. In ihr beschwört er die Einheit Griechenlands und den gemeinsamen Kampf gegen Persien. Wie sein Vater wird Alexander daraufhin zum Hegemon ernannt, seine Befugnisse werden bestätigt und ihm Unterstützung für den Feldzug versprochen – erleichtert und überaus großzügig, wie der antike Chronist Arrianus notiert, „… haben sich die Athener schon durch die Annäherung Alexanders so sehr einschüchtern lassen, dass sie ihm zu Ehren noch mehr verwilligten, als Philipp erhalten hatte." (Arrianus F., Dörner C. H., S. 86) Somit scheint die Lage in Griechenland unter Kontrolle. Nun kann sich Alexander seiner nächsten Aufgabe widmen: der Befriedung der nördlichen Nachbarn.

Während seines Aufenthaltes in Korinth kommt es der Legende nach zu der Begegnung Alexanders mit dem Philosophen Diogenes von Sinope. Der griechische Historiker Plutarch (2014, S. 110) hat sie beschrieben: „Die Griechen (…) beschlossen, mit Alexander gegen die Perser einen Kriegszug zu unternehmen, wobei er auch zum Oberfeldherrn ernannt worden war. Da bei dieser Gelegenheit viele Staatsmänner und Philosophen ihm die Aufwartung machten und Glück wünschten, dachte er, dass auch Diogenes von Sinope, der sich eben in Korinth aufhielt, ein Gleiches tun würde. Aber dieser blieb ungestört in seiner Ruhe im Kraneion (Platz in Korinth, d. Verf.), ohne sich im Geringsten um Alexander zu kümmern; daher begab der sich zu Diogenes hin. Diogenes lag eben an der Sonne. Als aber so viele Leute auf ihn zukamen, reckte er sich ein wenig in die Höhe und sah Alexander starr an. Dieser grüßte ihn freundlich und fragte, womit er ihm dienen könnte. ‚Geh mir nur', versetzte er, ‚ein wenig aus der Sonne!' Davon soll Alexander so sehr betroffen gewesen sein und, ungeachtet der ihm bewiesenen Verachtung, den Stolz und die Seelengröße des

Mannes so sehr bewundert haben, dass er, als seine Begleiter beim Weggehen darüber scherzten und lachten, ausrief: ‚Wahrlich, wäre ich nicht Alexander, ich möchte wohl Diogenes sein.'"

*Abbildung 5: Begegnung Alexanders mit dem Philosophen Diogenes*

### Der Balkanfeldzug gegen Thraker und Triballer

Im Winter 336 kehrt Alexander nach Makedonien zurück. Auf dem Weg macht er einen Abstecher zum Orakel von Delphi. Dort verwehren ihm die Priester des Apollon zunächst den Einlass ins Tempelinnere, doch der Legende nach verschafft sich Alexander gewaltsam Zugang zur höchsten Priesterin und ergreift sie, worauf die Pythia ausruft: „Du bist unbezwingbar, mein Sohn!" (Worthington, I., 2016, S. 127) Daraufhin lässt er von ihr ab und sagt zufrieden, dass er vom Orakel keine andere Prophezeiung habe erhalten wollen als eben jene, die für ihn verheißt, dass er niemals besiegt werde.

Von nun an setzt er alles daran, die jungen Offiziere und Soldaten in Waffengebrauch und Taktik zu drillen. Er plant einen Balkanfeldzug, um den makedonischen Einfluss auf barbarische Stämme im heutigen Bulgarien, Rumänien, Mazedonien und Albanien auszuweiten und sein Land zugleich vor Überfällen dieser Stämme zu schützen. Ohne die Absicherung seiner Nordgrenze kann und will Alexander nicht gegen Persien ziehen. Die kundigen Veteranen belässt er freilich in Makedonien. Er will sie für den lange geplanten Persienfeldzug schonen.

Mit rund 25 000 Fußsoldaten, 5 000 Reitern und etlichen Belagerungsmaschinen zieht Alexander im Frühjahr 335 nach Norden. Als alleiniger Oberbefehlshaber lässt er erstmals sein militärisches Geschick aufblitzen – und die Soldaten danken es ihm mit glühender Begeisterung für

König und Vaterland. „Dem Heer hatte nur eines gefehlt – das Genie eines geborenen Führers“, schreibt der britische Historiker Robin Lane Fox (1974, S. 93). „Im Alter von 21 Jahren zeigte Alexander dann, dass sein Anspruch auf Unbesiegbarkeit vielleicht doch berechtigt war.“

## Alexander eilt von Sieg zu Sieg

Den Erfolg in der Reihe der auf ihn wartenden Schlachten verdankt er gleichermaßen seinen gut gedrillten Truppen wie seinen genialen strategischen Finten. Die folgenden Ereignisse im Frühsommer 335 geben uns ein Bild davon:

Die am Weg über den Berg Hainos postierten Thraker haben ihre Trosswagen oben an der Passstraße aufgestellt. Mit ihrer Hilfe wollen sie die makedonische Phalanx aufbrechen, um im Kampf Mann gegen Mann die durch ihre langen Stoßlanzen in der Bewegung gehemmten Krieger niederzumachen. Doch Alexander erkennt die Gefahr und befiehlt seinen Soldaten rechtzeitig, die Reihen zu öffnen. Wo das nicht möglich ist, sollen sich die Soldaten flach auf den Boden legen und mit ihren Schilden schützen. Die defensive Taktik führt zum Sieg. Als die Wagen anrollen, verliert Alexander keinen einzigen Mann. Erst danach lässt er die geschlossene Formation gegen den leicht bewaffneten Gegner vorrücken und ringt ihn nieder.

Als Nächstes stellen sich ihm die mit den Thrakern verbündeten Triballer unter ihrem König Syrmos in den Weg.

*Abbildung 6: Niederlage der Thraker durch die makedonische Phalanx*

Die wollen sich eigentlich auf der im Donaudelta liegenden Insel Peuke verschanzen, werden aber von Alexanders schnellem Vormarsch überrumpelt und am Fluss Lyginos (heute: Rossiza) zur Schlacht gestellt. Die Triballer formieren sich zunächst in einem Wald. Aus dem Hinterhalt wollen sie die anrückende Phalanx aufbrechen. Doch darauf lässt sich Alexander nicht ein. Anstelle der gerüsteten Kriegerformation schickt er seine Schleuderer und Bogenschützen nach vorn. Wie von ihm vorhergesehen gehen die attackierten Triballer blindlings zum Angriff über – und werden von der auf sie wartenden Phalanx niedergemalmt.

Nun muss Alexander nur noch den letzten Widerstand brechen. Die überlebenden Triballer und Thraker haben sich auf die Insel Peuke im Donaudelta auf dem Gebiet des heutigen Rumänien gerettet. Der mit ihnen verbündete Stamm der Geten versorgt die Insel mit Waffen und Lebensmitteln und blockiert mit 10000 Kriegern und 4000 Reitern den Übergang über die Donau. Doch die ausgesendeten makedonischen Späher finden am Haimospass eine ungesicherte Stelle. „Alexander beschloss, den Fluss bei Nacht zu überqueren. Das war ein kühner, aber folgerichtiger Plan", befindet Nicholas Hammond (2001, S. 61) und beschreibt die Folgen: „Von der Flussüberquerung überrascht und durch die starrenden Lanzen der Phalanx in Schrecken versetzt, wich der Feind vor dem heftigen Angriff der in keilförmiger Formation vorrückenden Reiter zurück." Nach der Flucht der Geten bleibt den Triballern und Thrakern nur die Unterwerfung.

## Die Hellenisierung beginnt

Die Klugheit des jungen Königs zeigt sich nicht nur in seinem militärischen Geschick auf dem Balkanfeldzug, sondern auch in Friedenszeiten. Denn die Makedonier behandeln ihnen unterlegene Völker anders als die übrigen Griechen. Zwar kommt es durchaus zu vereinzelten Zwangsumsiedlungen, um anderswo Grenzgebiete zu erschließen. Doch grundsätzlich dürfen die besiegten Stämme ihre eigene Herrschaftsform behalten und ihren Gesetzen folgen. Alexander stellt noch nicht einmal Besatzungssoldaten ab. Er fordert nur die Zahlung des festgesetzten Tributs von etwa zehn Prozent der Produktion, den Verzicht auf eine eigene Außenpolitik sowie ein Kontingent von Soldaten und Arbeitern auf Abruf.

Der gemeinsame Handel in Städten, die an strategisch wichtigen Knotenpunkten gegründet werden, lockt neue

Anwohner aus Makedonien und anderen Teilen Griechenlands an. Damit setzt Alexander einen wichtigen Prozess in Gang, der später in allen von ihm eroberten Gebieten beobachtet werden kann: die Hellenisierung, das heißt die Ausbreitung der griechischen Sprache, Philosophie und Kultur im östlichen Mittelmeerraum.

Auf seinen Lorbeeren ausruhen kann sich der König nach dem erfolgreichen Balkanfeldzug allerdings nicht. Denn auf dem Weg zurück von der Donau erreicht ihn eine alarmierende Nachricht: Drei benachbarte illyrische Stämme haben sich gegen Makedonien erhoben.

Die im heutigen Kosovo und östlichen Albanien lebenden Dardaner stehen bereits an der Grenzstadt Pelion nahe dem heutigen Griechenland. Am Einfallstor nach Makedonien warten sie auf die Truppen der mit ihnen verbündeten, aber noch nicht am Kriegsschauplatz eingetroffenen Taulantiner. Die im Norden lebenden Autariaten wollen sich gleichfalls der Revolte anschließen, werden aber von einem mit Alexander verbündeten Fürsten in die Schranken gewiesen. Aber was ist, wenn sich weitere Stämme erheben und zu den Illyrern stoßen? In Makedonien hält Antipater zwar noch die ausgeruhten Veteranen bereit. Aber ob sie rechtzeitig würden herbeieilen können, um den Aufstand zu unterdrücken? „Für Alexander stand Großes auf dem Spiel; ein unglückliches Treffen, und alles, was er und sein Vater mühsam erreicht hatten, stürzte zusammen." (Droysen, J. G., 2004, S. 138).

## Der Blitzkrieg gegen Illyricum und Theben

Im Eilmarsch bricht Alexander nach Pelion auf, erreicht den Ort noch vor den Taulantinern und beginnt die Belagerung. Doch schon am nächsten Tag wendet sich das Blatt, und die Makedonier müssen sich ihrerseits vor den inzwischen eingetroffenen Taulantinern in ihr befestigtes Feldlager zurückziehen. Als sei die Lage nicht schon schlimm genug, droht den Makedoniern der Nachschub auszugehen. Die Vorräte gehen zur Neige. Um sich und seine Leute kurzfristig auf sicherem Gebiet versorgen zu können, muss er die Stellung seiner Feinde durchbrechen.

Mittlerweile ist der Hochsommer aufgezogen. Das bewaldete Grenzgebiet ist bergig und von Tälern und schmalsten Schluchten durchzogen, „stellenweise so eng, dass ein Heer kaum zu vier Schilden hindurchziehen konnte.“ (Droysen, J. G., 2004, S. 139) Die Dardaner haben sich auf den strategisch wichtigen Bergkämmen rund um Pelion postiert und spähen nach den Makedoniern. Wie ein Schachspieler denkt Alexander drei Züge voraus und lässt seine Truppen die Stadt in einem weiteren Umkreis fest umschließen. Nun erst drängt er mit der Spitze seiner Elitereiterei in das enge Tal des Wolfspasses hinein mit dem Ziel, sich an dessen Ende in einer befreundeten Siedlung Nahrung verschaffen zu können. Doch an den Hängen lauern die Feinde. Darum schlägt Alexander zunächst mit Bogenschützen eine Bresche für die nachrückende 120 Mannreihen tiefe und mit 200 Reitern gedeckte Phalanx. Beim Anblick des gekonnten und blitzschnell ausgeführten Vorstoßes wagen die Taulantiner keinen

Angriff und ziehen sich von den Anhöhen zurück. Ohne einen einzigen Mann Verlust können sich die Makedonier vom Feind absetzen und erreichen ungehindert frisches Weideland für die Pferde und Proviant für die Truppen.

Zwei Tage Ruhe gönnt der Heerführer seinen Mannen, während derer sich die Aufrührer, die in ihrer Verwirrung kaum auf Deckung achten, vor Pelion lagern. In der dritten Nacht schlägt Alexander zu. Bogenschützen und Lanzenkämpfer brechen in das gegnerische Lager ein, hauen grimmig jeden nieder, setzen den Fliehenden nach und machen zahllose Gefangene. „Alexanders Genie als Befehlshaber ist unbestreitbar", urteilt Nicholas Hammond (2001, S. 61) voller Bewunderung. „Dass er sich seinen Weg durch den Haimospass bahnte, die Donau überquerte und die Geten in die Flucht schlug und sich dann mit seiner Armee durch den Wolfspass zurückzog, ohne bei allen drei Operationen einen einzigen Mann zu verlieren, ist beispiellos."

*Abbildung 7: Alexander der Große im pompejischen Mosaik „Die Alexanderschlacht"*

## Alexanders Politik am Vorabend des Persienfeldzugs

Kaum sind die Illyrer geschlagen, erreicht Alexander die nächste Hiobsbotschaft. Aufrührer haben in Theben zwei makedonische Soldaten getötet und verbreiten das Gerücht, Alexander sei in Illyrien gefallen. Sie stacheln die Stadt zu einem erneuten Aufstand an und schließen die makedonische Garnison in der Burg ein. Um zu verhindern, dass der Funke der Rebellion auf die benachbarten Stadtstaaten überspringt, reagiert Alexander erneut pfeilschnell. Noch ehe sich die Thebaner mit athenischer und persischer Hilfe organisieren können, steht die makedonische Armee nach einem zwölftägigen, fast 400 Kilometer langen Gewaltmarsch vor den Toren der Stadt und umzingelt sie. Anstatt zu verhandeln, wagen die zu allem entschlossenen Thebaner einen Ausfall. Den schlagen die Makedonier zurück, dringen in die Stadt ein und befreien die eingeschlossene Garnison.

Die Feldzüge gegen die Thraker und Illyrer sowie die schnelle Niederwerfung Thebens lassen einen weiteren Wesenszug Alexanders hervortreten. „Er wusste sehr genau um die Wirkung demonstrativ eingesetzter militärischer Macht und besaß einen Sinn für die kalte Logik der Machtpolitik“, erläutert Hans-Joachim Gehrke (2013, S. 31). Überdies wird erneut seine strikte Zielorientierung erkennbar: „Darüber hinaus handelte er kompromisslos im Sinne dieses Wissens, ohne Rücksicht auf die Umstände und Bedenklichkeiten langer strategischer Planung.“ (a. a. O.) Stets hat Alexander das Überraschungsmoment auf seiner Seite und nutzt kühl kalkulierend die Schwächen seiner Gegner aus. Wenn sie sich ergeben, erweist er sich als großzügig und macht sie damit zu Verbündeten. Aber wer trotzt oder die geschlossenen Vereinbarungen bricht, muss mit dem Schlimmsten rechnen.

*Abbildung 8: Plünderung der Polis Theben durch Alexander*

Beispielhaft zeigt sich das nach der Eroberung Thebens. Alexander könnte die Stadt wegen des Bruches des mit Makedonien geschlossenen Vertrages bestrafen. Doch er richtet sie nicht als makedonischer Herrscher, sondern überlässt das Urteil dem Korinthischen Bund. Ein kluger Schachzug, denn damit unterstreicht er die hohe Bedeutung des Zusammenschlusses. Theben hat, das ist völlig unstrittig, gegen sämtliche Bündnisregeln verstoßen. Dem Bundesrat gehören zudem etliche mit Theben verfeindete Stadtstaaten an, die gern ein Exempel statuieren und an den Thebanern Rache üben wollen. Die Folge: Auf Befehl des Korinthisches Bundes wird die Stadt dem Erdboden gleichgemacht, die Gefangenen werden in die Sklaverei verkauft.

Ganz anders verfährt Alexander dagegen mit Athen und einigen anderen Stadtstaaten, die offen für die Thebaner Partei ergriffen haben. Er weiß, dass er die athenische Flotte benötigt, um die persischen Seestreitkräfte davon abzuhalten, den Makedoniern die Nachschubwege im östlichen Mittelmeer abzuschneiden. Dem nachvollziehbaren Wunsch nach Rache an Demosthenes jetzt nachzugeben, hieße, den Übergang nach Asien zu gefährden. Deshalb lässt Alexander gegenüber Athen und den anderen Unterstützern Thebens des Korinthischen Bundes Milde walten. Das Bündnis ist für Alexander deshalb so wichtig, weil es den Frieden innerhalb Griechenlands sichert, die Stadtstaaten an Makedonien bindet und ihm Kontingente im bevorstehenden Angriff auf Persien verschafft.

Im Winter des Jahres 335/334 ruft Alexander seine Befehlshaber, darunter Antipater und Parmenion, nach Pella. Mit ihnen plant er das größte und kühnste Vorhaben, das bis dahin in der Geschichte der Menschheit gewagt wurde: den Persienfeldzug. Er wird aus Alexander, König der Makedonier, Alexander den Großen machen. (Vgl. Stähli, A., 2018a, S. 66 ff.)

## Das achämenidische Großreich unter Dareios III.

Am Vorabend des makedonischen Angriffs ist Persien, das seit etwa 550 von den Achämeniden regiert wird, das größte Imperium, das je im antiken Vorderasien errichtet wurde.

Es erstreckt sich von der Westküste Kleinasiens bis zum Indus im Osten. Im Norden reicht es bis nach Baktrien, dem heutigen Afghanistan, seine Südgrenze bilden die Katarakte des Nils in Ägypten. In Fläche und Einwohnerzahl übertrifft es Makedonien und den Korinthischen Bund um ein Vielfaches. Doch Persien ist ein Koloss auf tönernen Füßen, denn das Vielvölkerkonglomerat ist längst nicht so straff organisiert und innerlich geschlossen wie das von Alexander geführte Königreich.

Um das persische Großreich beherrschbar zu machen, ist es in rund 20 Satrapien genannte Verwaltungseinheiten aufgeteilt. Sie unterstehen jeweils einem adligen persischen Statthalter, einem Satrapen. „Im Gegenzug für den Schutz des Reiches wurde ihnen ein hohes Maß an Autonomie gewährt. Der Perserkönig war auf die Unterstützung und Kooperation der Satrapen angewiesen", erläutert die britische Historikerin Ruth Sheppard (2009, S. 33) die Machtverteilung. Um die Loyalität der Statthalter ist es freilich nicht zum Besten bestellt. Vor allem in Kleinasien und in Ägypten brechen immer wieder Unruhen aus. In den zum Teil faktisch erblichen Satrapien versuchen die lokalen Herrscher immer wieder, sich aus dem Griff Persiens zu lösen und autonome Königreiche zu begründen.

Am ständig umherziehenden Hof des persischen Großkönigs geht es kaum friedlicher zu. Bevor Artaxerxes II. im Jahr 404 an die Macht gelangen konnte, musste er seinen rebellierenden Bruder Kyros in der Schlacht von

Kunaxa besiegen. 358 übernahm sein Sohn Artaxerxes III. die Königswürde. Seine Brüder ließ er zwar sicherheitshalber töten, doch 338 wurde er selbst von einem seiner Günstlinge vergiftet. Der räumte zwei Jahre später auf dieselbe Weise den Thronfolger aus dem Weg. So kam 336 – im selben Jahr wie Alexander – ein Neffe von Artaxerxes III. auf den persischen Thron. Sein Name: Dareios III.

Der um 380 geborene Dareios ist schon Anfang vierzig, als er die Herrschaft übernimmt. Er ist ein erfahrener Krieger und hat im Feldzug gegen die Kadusier einen herausragenden Kämpfer im Zweikampf besiegt. Nach der Niederschlagung eines Aufstandes in Ägypten auf dem Rückweg nach Persien melden ihm seine Boten den Einfall der Makedonier in Kleinasien.

## Die Land- und Seestreitkräfte des Großkönigs

Angesichts der Ausdehnung seines Reiches und der enormen zahlenmäßigen Überlegenheit seiner Armee hat Dareios III. dem jungen Alexander zunächst kaum Beachtung geschenkt: „En fait, le Grand Roi peut à tout moment mobiliser des armées considérables, et ses ressources financières sont quasiment inépuisables. (In der Tat kann der Großkönig jederzeit beträchtliche Armeen mobilisieren, und seine finanziellen Ressourcen sind nahezu unerschöpflich, d. Verf.)." (Briant, P., 1987, S. 33). Nach wie vor stehen die für ihre Kampfkraft besonders geschätzten griechischen Söldner in persischen Diensten.

*Abbildung 9: Dareios III. im römischen Mosaik von Pompeji*

So vielfältig wie das Großreich selbst ist auch dessen Armee. Das Herzstück bildet das stehende Heer aus persischen und medischen Soldaten, die aus dem iranischen Hochland stammen. Ihre numerische Stärke lässt sich nur schwer angeben, da griechische Quellen wie beispielsweise Herodots Darstellung der Perserkriege diesbezüglich nicht sehr zuverlässig sind. Für größere Feldzüge kann Dareios von allen Satrapien des Reiches Truppen anfordern. In der persischen Armee kämpfen daher Inder neben Lydiern, Ägyptern, Palästinensern und Baktriern. Alle Soldaten verwenden in der Regel ihre heimischen Waffen, Fähigkeiten und Methoden.

Eine besondere Stärke des persischen Heeres ist seine Reiterei. Seit dem Sieg über Kroisos, dem letzten und für seinen Reichtum sprichwörtlich gewordenen König der Lydier, siedeln persische Adlige in Kleinasien und züchten dort die besten Pferde. Sie bilden das Rückgrat der gefürchteten rund 3 000 Mann starken persischen Reiterei des stehenden Heeres. Bei Bedarf kann der Großkönig leicht das Fünffache aufbieten.

Der zweite Machtfaktor ist die persische Flotte. Sie stützt sich vor allem auf die Hafenstädte in Kleinasien und in der Levante, die von den Achämeniden kontrolliert werden. Mit ihren Schiffen beherrschen die Perser das östliche Mittelmeer. Sie stellen eine Bedrohung für die Nachschubwege der Angreifer aus dem Westen dar. Die Schuld daran trägt Alexanders Vater: „Die makedonische Politik hat es weder bei der Gründung des Bundes noch bei dessen Erneuerung für möglich oder für rätlich erachtet, bedeutende maritime Leistungen von den hellenischen Staaten zu fordern.“ (Droysen, J. G., 2004, S. 172) Philipp II. hatte es schlicht versäumt, die Schiffe der Makedonier mit denen der Stadtstaaten – und allein Athen hatte mehr als 350 unter Segeln – in einer gemeinsamen Flotte zusammenzuführen. Wäre dies der Fall, hätte Alexander die persischen Seestreitkräfte nicht fürchten müssen. Angesichts der überwältigenden maritimen und terrestrischen Überlegenheit mutet Alexanders Persienfeldzug umso verwegener an.

Um das nachfolgende Geschehen richtig einordnen zu können, müssen wir kurz innehalten und uns den inneren Antrieb Alexanders vor Augen führen. Seit seiner frühen Jugend hat ihn sein Vater Philipp und mit ihm der ganze

Hof in Pella gegen das persische Großreich aufgepeitscht. Weder Griechen noch Makedonier noch die anderen hellenischen Stämme hatten die Schmach der persischen Invasion von 480/479 und die von Sparta erzwungene Abtretung der Küstenstädte in Kleinasien je verwunden. Zeit seines noch nicht volle 22 Jahre währenden Lebens war Alexander dazu erzogen und ausgebildet worden, diese kollektive Kränkung zu rächen. Nun tut er, was ihm geheißen ist.

## Mit mehr als 37 000 Mann zieht Alexander gen Persien

Mit einem Infanterieaufgebot von 12 000 Makedoniern, jeweils 7 000 griechischen und thrakisch-illyrischen Bundesgenossen, 5 000 Söldnern und 1 000 Bogenschützen befehligt Alexander rund 32 000 Fußsoldaten. Hinzu kommen etwa 5 000 Reiter, von denen jeweils 1 800 aus Makedonien und Thessalien und 1 500 aus Thrakien und Griechenland stammen. Auf den Beobachter „wirkte der Anblick von Alexanders Heer durch seine Größe und Struktur, die dicht geschlossen formierte Phalanx und die 5 000 Reiter sicher beeindruckend, wenn nicht beängstigend. Optisch imposant waren bestimmt auch das lange Sarissenfeld wie das weitflächige Funkeln der Metalle von Stichwaffen, Schildbeschlägen, Schienen und Helmen. (Kühnelt, E, 2009, S. 264) Das alles muss man sich in Farbe vorstellen: Die Helme der Offiziere sind mit bunten Federbüschen geschmückt, die Schilde bemalt mit den zähnefletschenden Köpfen der Gorgonen, dem Hadesbewacher Kerberos und Herakles, wie er drohend seine Keule schwingt.

Mit dieser panhellenischen Streitmacht zieht Alexander im Frühjahr des Jahres 334 binnen 20 Tagen den knapp 400 Kilometer langen Weg nach Sestos auf der westlichen Seite des Hellesponts. Dort erwartet ihn General Parmenion, der mit einer kleinen Truppe den geplanten Übergang nach Asien sichert.

Während Parmenion das Übersetzen des Heeres nach Abydos auf der asiatischen Seite der etwa 1,5 Kilometer breiten Meerenge organisiert, stattet Alexander dem nahe gelegenen Troja einen Besuch ab. Opfergaben an die griechischen Götter sollen dem Makedonier ihren Beistand für sein Unternehmen sichern. Mit dem Besuch der Gräber der gefallenen Helden des von Homer geschilderten Trojanischen Krieges stellt er sich in die Ahnenreihe großer Griechen wie dem von ihm bewunderten Achilles. Die Botschaft an seine Soldaten ist klar: Wie die epischen Helden nimmt Alexander den Kampf gegen den Erzfeind im Osten auf. Und er wird ihn bezwingen.

Der griechischen Infanterie scheint er aber nicht ganz zu trauen. In der Erwartung, dass die persischen Statthalter griechische Söldner aufbieten werden, stützt er sich für das erste Gefecht auf seine makedonische Phalanx und seine Reiterei. Mit diesen Truppen zieht er in drei Tagen rund 100 Kilometer in nordöstlicher Richtung. „Wenn es ihm gelang, ein wie auch immer geartetes Heer der hiesigen Satrapen in einen Kampf zu verwickeln und zu vernichten, dann würde er sowohl die Ressourcen der Region gewinnen als auch seinen Nachschub und die Kommunikationswege nach Makedonien sichern“, begründet Ruth Sheppard

(2009, S. 111), warum Alexander nicht nach Süden entlang der kleinasiatischen Küste vorrückte.

## Am Granikos findet Alexander beinahe den Tod

Am östlichen Ufer des antiken Flusses Granikos, heute Biga Çayı, erwartet ihn eine von persischen Satrapen aufgebotene Streitmacht von 10 000 Reitern und, wie von ihm vorausgesehen, 5 000 griechischen Söldnern. Vermutlich aus ähnlichen Erwägungen wie Alexander verbleiben diese Söldner in der zweiten Reihe – hinter einer komplett mit Reitereinheiten bestückten Schlachtreihe anstatt wie üblich in deren Mitte. Alexander ergreift die Initiative und sendet auf dem rechten Flügel einen Teil seiner Reiterei als Vorhut über den Fluss. Daraufhin setzt sich die gesamte persische Reiterei in Bewegung, um die Griechen am Übergang des Granikos zu hindern. Alexander kommt mit dem anderen Teil seiner Reiterei der bedrängten Vorhut zur Hilfe und kann so die im Gefecht verwickelten Perser in einen Zangengriff nehmen.

Und doch scheint der Feldzug jäh zu Ende zu sein, noch ehe Alexander die erste Schlacht gewonnen hat. Als Anführer erkennbar an seinem Helm mit einem prächtigen weißen Federbusch, zieht der junge Herrscher die Aufmerksamkeit der persischen Reiterei auf sich. Mehrere Reiter, darunter sogar ein Schwiegersohn von Dareios III., versuchen, Alexander mit Lanzen zu töten. Der kann die Angreifer ausschalten – da hebt ein Perser zu einem todbringenden Schwerthieb an.

*Abbildung 10: Schlacht am Granikos, Sieg Alexanders des Großen über die Perser*

Im letzten Moment schlägt Kleitos, Kommandeur der königlichen Schwadron der berittenen Truppen, den Arm des Angreifers ab.

Diese Szene macht deutlich: Alexander geht keinem Kampf aus dem Weg und scheut kein persönliches Risiko. Für ihn ist ein König nur dann ein Vorbild, wenn er in vorderster Reihe kämpft wie einst Achilles und seine heldenhaften Gefährten der *Ilias*.

In der Zwischenzeit rückt die makedonische Phalanx im Zentrum vor und drängt über den Fluss. Gegen diese Walze aus Eisen haben die leicht bewaffneten Perser keine Chance. Sie fliehen in heller Auflösung. Zurück bleibt das bisher nicht eingesetzte Kontingent der griechischen Söldner. Es wehrt sich tapfer und fügt den Makedoniern mehr Verluste zu als zuvor die Perser. Doch es wird – wohl auch als Warnung an alle Griechen in persischem Sold – umzingelt und größtenteils niedergemacht. Die Überlebenden werden als Sklaven in die Bergwerke nach Thrakien geschickt.

## Der Triumphzug durch Kleinasien

Mit dem Sieg am Granikos hat Alexander ein erstes wichtiges Ziel erreicht. Nun stehen die Kostbarkeiten Kleinasiens wie reife Früchte zur Ernte bereit. Parmenion lässt er vor die Tore Daskyleions ziehen, dort hat ein persischer Statthalter seinen Sitz. Kampflos öffnet ihm die Stadt die Tore. Alexander hingegen reitet 300 Kilometer in südliche Richtung nach Sardes. Die ehemalige Hauptstadt des lydischen Königreichs ist Sitz der gleichnamigen Satrapie. Ihr Kommandeur übergibt nicht nur die Stadt, sondern auch ihre gut gefüllte Schatzkammer. Daraus kann Alexander seine Truppen entlohnen.

Für beide Satrapien ernennt der makedonische König neue Befehlshaber, die dafür sorgen, dass die Steuern künftig an ihn statt an die persischen Oberherren entrichtet werden. „Alexander's actions were part of a general administrative strategy of keeping the Persian satrapal system but limiting the power of the individual satraps, which becomes more evident after the capture of Babylon in 331", beschreibt der amerikanische Historiker Ian Worthington (2014, S. 151) Alexanders politische Strategie im Umgang mit den neu gewonnenen Gebieten. In den befreiten griechischen Städten lässt er die Herrschaft der Oligarchen durch die des Volkes ersetzen. Allerdings unterbindet er jeglichen Racheakt der nun wieder an die Macht gelangten Griechen – in Ephesos sogar persönlich unter Einsatz seines Lebens.

Geneigt macht sich Alexander die Einwohner von Ephesos durch den von ihm veranlassten Wiederaufbau des berühmten Artemis-Tempels, der 356 zerstört worden war. Alexanders Angebot, die Kosten zu übernehmen, wird zwar stolz zurückgewiesen. Doch dem setzt er eine machtvolle Geste entgegen: „Alexander bezeugt der Göttin trotz der Brüskierung seine Referenz. Er ließ seine Armee vollgerüstet in Parade aufmarschieren und brachte der Artemis von Ephesos ein prächtiges Opfer, bei dem die Bürgerschaft bewirtet wurde. Er erweiterte den geweihten Bezirk auf einem Umkreis von einem Station, d. h. 180 Meter rund um den Tempel, und befahl, die bisher an den Großkönig zu zahlenden Steuern in den Tempelschatz der Göttin abzuführen." (Demandt, A., 2009, S. 122)

Nicht überall freilich wird der makedonische Herrscher mit offenen Armen empfangen. Vor allem die Hafenstädte Milet und Halikarnassos, die auf die Unterstützung der heransegelnden persischen Flotte hoffen, leisten erbitterten Widerstand. Alexander vermeidet die direkte Konfrontation auf See und belagert stattdessen die beiden Städte. Ihrer Stützpunkte beraubt, müssen sich die persischen Schiffe zurückziehen.

## Der Gordische Knoten als gutes Omen

Nach dieser erfolgreich zurückgelegten ersten Etappe schickt Alexander einen Teil seiner Soldaten zur Erholung nach Makedonien zurück. Sie sollen im Frühjahr 333 mit frischen Truppen in Gordion, einer Stadt rund 80 Kilometer südwestlich vom heutigen Ankara, zu ihm stoßen. Die Flotte lässt er ebenfalls nach Griechenland zurückkehren, um sie dort auf Kosten des Korinthischen Bundes den Winter über in Bereitschaft zu halten. Parmenion und Alexander marschieren derweil getrennt voneinander auf Gordion zu. Spätestens jetzt dürfte dem persischen Großkönig Dareios III. klar sein, dass er es mit einem formidablen Gegner zu tun hat. „Alexander, der nun Beute macht und seine Soldaten gut versorgen kann, führt seine Armee nicht zur Erholung ins Winterlager, wie andere Generäle es tun. Vielmehr teilt er seine Truppen, zieht in Eilmärschen an die Küste sowie ins anatolische Hochland, erobert Städte, besetzt Pässe", erläutert Cay Radermacher (2013, S. 66).

Dass Alexander am Ende in Gordion sein Winterquartier bezieht, hat neben militärischen Gründen auch eine symbolische Bedeutung. Der von Aristoteles gebildete Makedonier weiß um den legendären Gordischen Knoten und den damit verknüpften Orakelspruch. Mit der Lösung dieser

Aufgabe will er aller Welt beweisen, dass er der legitime Herrscher Asiens ist. Die antike Überlieferung bietet zwei Darstellungen, auf welche Weise Alexander den Gordischen Knoten löst. In der Version des griechischen Geschichtsschreibers Aristobulos von Kassandreia entdeckt Alexander einen verborgenen Nagel zwischen Joch und Deichsel und zieht ihn heraus, wodurch die losen Enden des Knotens sichtbar und dieser lösbar wird. In der martialischen Variante, die viele Väter hat, durchschlägt Alexander das Seil mit einem Schwerthieb.

*Abbildung 11: Alexander der Große durchschlägt den Gordischen Knoten*

Die Wahrnehmung der Tat ist freilich unabhängig davon, welchen Weg Alexander gewählt hat. „Alexander had undone the knot when everyone before him had failed", hält Ian Worthington fest (2014, S. 159). „The symbolism of his act, as he planned, was obvious, and a sudden storm that night had his seers proclaiming that Zeus himself was greeting Asia's new master." (Ebd.) Doch trotz der Verheißung des Orakels ist sich Alexander sehr wohl bewusst, dass er in diesem Gefecht nur die erste Runde gewonnen hat. Der wahre Kampf um Asien steht erst noch bevor.

KAPITEL 3

# Pharao und König von Asien

## Alexanders Siegeszug durch die Levante und Ägypten

Im Frühsommer des Jahres 333 bereitet Alexander das Feldlager von Gordion auf den Aufbruch nach Süden vor. Erneut zu seinen Truppen gestoßen sind die Reiter und Fußsoldaten, die mit Parmenion durchs Landesinnere nach Osten marschiert sind. Auch jene Einheiten, die Alexander nach dem Erfolg in Kleinasien auf Heimaturlaub geschickt hat, kehren zurück. Sie bringen wie befohlen frisch angeworbene Rekruten aus Griechenland mit. Insgesamt verfügt Alexander jetzt über rund 40 000 Mann, darunter 5 800 Reiter.

Mit dieser Armee eilt er südwärts zur Kilikischen Pforte. Die enge Passstraße durch das Taurusgebirge ist das Nadelöhr auf dem Weg von Anatolien nach Syrien, sie führt durch die antike Landschaft Kilikien im Südosten der heutigen Türkei. Alexander treibt den Zug zur Eile an. Nach zeitgenössischen Schilderungen sind Tagesmärsche von 50 und mehr Kilometern keine Seltenheit. Der Grund der Hast: Die Pforte wird von den Streitern des persischen Satrapen Arsames bewacht. Wenn es nicht gelingt, sie im Überraschungsangriff zu schlagen, könnte Arsames seine Männer nach Tarsos zurückbeordern, in die große Hafenstadt am Golf von İskenderun. Das aber würde Unterkunft und Versorgung für Alexanders Truppen infrage stellen.

Tatsächlich ergreifen die Perser beim Anblick des makedonischen Königs an der Spitze der auf sie zustürmenden

Reiterei die Flucht. Wie von Alexander befürchtet, versucht sich Arsames in das etwa 50 Kilometer weiter südlich gelegene Tarsos zu retten. Er will die Stadt plündern und anschließend zerstören, die Makedonier sollen nur noch verbrannte Erde vorfinden. Doch erneut ist Alexander schneller. Binnen eines Tages führt er seine Truppen vom Pass hinunter an den Golf von Issos, dem heutigen Golf von İskenderun, wieder geben die Perser Fersengeld, und Alexander kann die Stadt im Handstreich einnehmen. Dort bezieht er Quartier. Um seinen Soldaten den wohlverdienten Sold auszahlen zu können, lässt er in Tarsos eine Prägestätte für Goldmünzen errichten. (Vgl. Müller, S., 2019, S. 97)

Nun steht dem Heer der Weg nach Süden offen. Doch ausgerechnet jetzt wird Alexander durch eine lebensgefährliche Krankheit ans Bett gefesselt. Seine Ärzte führen sie auf ein unerschrockenes Bad im eisigen Fluss Kydnos zurück, der durch Tarsos fließt. Noch trotzt der Winter dem Frühling, die Temperaturen liegen um den Gefrierpunkt. Alexander hat hohes Fieber, seine Sinne sind verwirrt, die Offiziere raunen sich besorgte Worte zu, die Situation ist hochdramatisch. „Die Ärzte gaben ihn auf, ausgenommen der Arkanier Philippos, der gerade einen Trank zubereitete, als Alexander eine Botschaft von Parmenion erhielt, der zufolge Philippos im Sold des Dareios stand“, berichtet der Historiker Nicholas Hammond (2001, S. 132). Sein Arzt – ein Verräter? Doch Alexander vertraut ihm, nimmt die dargebotene Medizin und wird gerettet. Bis zu seiner vollständigen Genesung vergehen allerdings noch mehrere Wochen.

### Persien will die Niederlage am Granikos rächen und rüstet zum Gegenschlag

Unterdessen holen die Perser zum Gegenschlag aus. Ihr Großkönig Dareios III., die Schmach am Granikos noch in grimmiger Erinnerung, hat in Babylon eine gewaltige Armee mit Soldaten aus allen Teilen seines Reiches ausgehoben. Im Frühsommer 333 gibt er den Befehl zum Aufbruch in das kilikisch-syrische Grenzgebiet, seinem Gegner entgegen. In der Ebene von Sochoi am südlichen Ausgang der Kilikischen Pforte will Dareios Alexander stellen, vernichtend schlagen und Kleinasien zurückgewinnen.

Angesichts seiner gewaltigen Streitmacht ist der Perserkönig voller Zuversicht, dass der Plan gelingt. „Darius' army easily outnumbered him (Alexander, d. Verf.), although the figures in the ancient writers of 600,000 (Arrian and Plutarch), 400,000 (Diodorus and Justin), and 250,000 infantry and 62,200 cavalry (Curtius) are clearly exaggerated to magnify the Macedonian victory", schreibt der Historiker Ian Worthington (2014, S. 165/166). Er schätzt die Truppenstärke geringer auf 100000 bis 150000 Mann, darunter rund 30000 griechische Söldner. Nun, auch damit kann Dareios immer noch drei Mal so viele Männer aufbieten wie Alexander.

Und dann ist da noch die persische Flotte, die Alexander fortlaufend Kopfzerbrechen bereitet. Sie kreuzt nach wie vor in der Ägäis und bedroht die Nachschub- und Kommunikationswege nach Makedonien. Der meist ungehinderte Landgang auf den Inseln in der Ägäis und der peloponnesischen

Küste erlaubt den Persern die Konspiration mit griechischen Widerständlern, die ohnehin nur auf den richtigen Moment warten, um die makedonische Herrschaft abzuschütteln. Geschickt verteilte Säckchen mit Silberdrachmen könnten sie zum Aufstand bewegen. Doch so weit denkt Dareios nicht. Stattdessen befiehlt er seiner Flotte, die levantinischen Häfen anzulaufen und sein heranrückendes Heer zu verstärken.

## Die Makedonier auf dem Weg nach Issos

Es ist Herbst geworden. Alexander ist wieder bei Kräften und zieht mit seinem Heer dem übermächtigen Feind entgegen. Den Ort für die kommende Schlacht hat Dareios gut gewählt. Sochoi liegt in der syrischen Ebene – dort könnten die Perser die zahlenmäßige Überlegenheit ihrer Truppen voll ausnutzen.

Um nach Syrien zu gelangen, entscheidet sich Alexander für die Küstenroute entlang des Golfs von Issos. Bei der gleichnamigen Stadt lässt er ein Feldlager errichten und beauftragt seine Späher, das heranrückende persische Heer zu orten. Alarmiert berichten sie nach ihrer Rückkehr von der kolossalen Streitmacht, die Dareios aufgeboten hat. Alexander denkt nach. Er geht davon aus, dass Dareios aus der syrischen Ebene kommend das Amanusgebirge östlich des Golfs durch das Syrische Tor, den heutigen Belenpass, queren und dann die Küste in Richtung İskenderun hinabstoßen wird. Mangels Rückzugsgebiet steht zu befürchten, dass sich die Makedonier mit dem riesigen persischen Heer sehr schwertun würden. Ein Voraustrupp an schnellen Reitern und Bogenschützen, wie er am Lyginos gegen die Triballer (siehe S. 44), am Wolfspass gegen die Taulatiner (siehe S. 48) und in der Schlacht am Granikos (siehe S. 59) taktisch geboten war, verspricht in dieser Lage keinen Vorteil. Deshalb ändert Alexander dieses Mal seine Strategie. Nur Kranke und Verwundete im Feldlager bei Issos zurücklassend, eilt mit der gesamten Truppe der Küstenlinie folgend dem Feind entgegen.

Aber auch Dareios, dessen Reiter und Fußtruppen sich bereits auf der Südseite des Syrischen Tors sammeln, hat Kundschafter ausgesandt. Im Laufschritt tragen sie ihm die Nachricht zu vom vieltausendköpfigen Alexanderzug, der stets in Sichtweite vom Meer nach Süden marschiert. Nun plant auch der Perserkönig um. Da Alexander mit seinem gesamten Heer unterwegs ist, gedenkt Dareios, einen Keil zwischen die Streitkräfte zu treiben und die Truppenteile getrennt voneinander zu schlagen. Dazu muss er aus unerwarteter Himmelsrichtung heranrücken. „Dareios (...) beschloss, einen Umweg zu nehmen, um Alexander von seinem lokalen Stützpunkt bei Issos abzuschneiden und ihn vom Gros seiner Armee zu isolieren", berichtet Ruth Sheppard (2009, S. 137). Fest überzeugt vom Gelingen des Plans, gibt der Großkönig seine günstige Stellung hinter der Syrischen Pforte auf und wendet sich nach Issos. Dort treffen die Perser auf die zurückgelassenen kranken und verwundeten Makedonier und metzeln sie gnadenlos nieder. Dareios sieht die Berichte seiner Spione bestätigt und hält an seiner Spaltungstaktik fest.

### Die Sieger gehen den Besiegten entgegen

Unterdessen rückt Alexander längs der Küste am Golf von Issos vor. Da meldet ihm ein Späher, dass der bereits von ihm passierte Uferstrich zwischen der Mündung des kleinen Flusses Pinaros und der Stadt Issos über und über mit Zelten bedeckt sei. Sollte der Feind ihn umgangen haben? Alexander muss sich Gewissheit über die Lage verschaffen. „Er schickte eine Triëre, ein Kriegsschiff mit drei Reihen von Ruderern übereinander, an der Küste entlang zurück, um den Standort der Perser festzustellen.“ (Demant, A., 2009, S. 140) Die Augenzeugen bestätigen die Meldung. Was war geschehen?

Der persische Großkönig hatte das Amanosgebirge weiter nördlich als angenommen überquert. Deshalb stand er jetzt mit seinen Kriegern im Rücken der makedonischen Armee. „Aus diesem Grund wurde die Schlacht von Issos mit verkehrten Fronten geschlagen: Als die beiden Heere im November 333 bei Issos aufeinandertrafen, stand das Heer des Dareios im Norden und dasjenige Alexanders im Süden.“ (Wiemer, H.-U., 2015, S. 104) Für Alexander ist die Nachricht, Dareios' Armee sei von hinten im Anmarsch, keineswegs so bestürzend, wie man annehmen könnte. Ihm stand immer noch die Option offen, dem Gefecht auszuweichen und mit seinen Truppen in erhöhter Geschwindigkeit nach Süden in Richtung Syrien vorstoßen zu können.

Doch Alexander denkt gar nicht daran, dem heiß ersehnten Kampf aus dem Weg zu gehen. Als versierter Stratege erkennt er sofort, dass der nur 2,5 Kilometer schmale Küstenstreifen am Golf, ausweglos eingeklemmt zwischen Meer und Gebirge, die Perser daran hindern wird, ihre numerische Überlegenheit auszuspielen. Das bedeutet einen Vorteil für die Makedonier. Und wo immer sich im Krieg ein Vorteil bietet, legt er seinen Offizieren in einer anfeuernden Rede dar, müsse man ihn nutzen. Überhaupt: Hatte ihn das Orakel von Delphi nicht für unbesiegbar erklärt? „Der Schein, umgangen zu sein, so lässt ihn (der spätere Chronist, d. Verf.) Arrianus sagen, werde sie nicht beirren; sie hätten zu oft rühmlich gekämpft, um den Mut bei scheinbarer Gefahr sinken zu lassen; stets Sieger, gingen sie stets Besiegten entgegen.“ (Droysen, J. G., 2004, S. 259) Noch für den Abend desselben Tages befiehlt Alexander dem Heer den Aufbruch und die 180-Grad-Wendung nach Norden – zurück nach Issos und der gewaltigen Kriegerkolonne seines Todfeindes Dareios entgegen.

## Die Schlacht bei Issos

Als die beiden kraftstrotzenden Heere bei Tagesanbruch an der Küste bei Issos aufeinanderprallen, trennt sie nur noch der kleine Gebirgsfluss Pinaros. An diesem kalten, noch von Frühnebel verhangenen Wintermorgen im November 333 führt er nur wenig Wasser.

Beim Anblick der makedonischen Streitmacht muss Dareios erkennen, dass seine geänderte Wegführung ihn lediglich des günstigeren Schlachtfelds beraubt hat. Wie ein einziger wogender Körper aus Reitern, schwerem Fußvolk und

Leichtbewaffneten erstreckt sich die Phalanx vor seinen Augen, eine unüberschaubare Zahl von Mannreihen und Pferden in voller Rüstung, jede fast eintausend Meter in der Breite messend, eingeschlossen vom unablässig heranrollenden Meer im Westen und der Hügelkette im Osten. Das schmale Ufer macht es der persischen Reiterei unmöglich, die Armee von beiden Seiten her anzugreifen. Das Terrain auf der Seeseite betrachtet Dareios als für Pferde unpassierbar. Daher konzentriert er sich auf den Flügel an den Gebirgshängen.

Alexander bietet das Schlachtfeld ein Déjà-vu: Wie am Granikos im Jahr zuvor stehen sich die beiden Heere frontal an einem Fluss gegenüber. Einen Teil seiner Reiterei, der dem getreuen Parmenion unterstellt ist, beordert Alexander an die meerseitige Flanke. Daneben rückt die Phalanx, langsam und begleitet von dumpfen Trommelschlägen, in voller Breite vor. „Nach rechts, zu den Bergen hin, beordert Alexander seine besten Reiter und Fußsoldaten. Und ausgerechnet dort, wo nach Einschätzung der Perser ein Angriff überhaupt nicht möglich scheint, postiert er sich selbst“, beschreibt Cay Radermacher den Aufmarsch (2013, S. 69). Alexander führt den Angriffsflügel auf der rechten Seite an. Weithin erkennbar an seinem weiß gefiederten Helm, sein Schwert in der rechten Hand kampfeslustig erhoben, prescht Alexander durch die Fluten dem Feind entgegen. Zeus, Herakles, Apollon, alle Götter seien mit ihm – jetzt muss es sein!

„Sobald sich die ganze Linie in geschlossener Ordnung auf Pfeilschussweite den Feinden genähert hatte, warf sich Alexander unter dem Schlachtrufe des Heeres mit seiner Ritterschaft in den Pinaros", beschreibt Johann Gustav Droysen (2004, S. 265) die packende Szene anhand von antiken Quellen. „Ohne von dem Pfeilhagel des Feindes bedeutenden Verlust zu erleiden, erreichten sie das jenseitige Ufer, stürzten sich mit solcher Gewalt auf die feindliche Linie, dass diese nach kurzem, vergeblichem Widerstande sich zu lösen und zu weichen begann."

Der nächste Schlag erfolgt auf der Gebirgsseite, da, wo Dareios es am wenigsten erwartet. Eine Bodensenke ausnutzend, die sie vor den Blicken der Feinde schützt, beordert Alexander zwei weitere Reitereieinheiten auf den rechten Flügel. Die Perser weichen vor dem Ansturm zurück. Der sich dadurch öffnende Riss in der persischen Formation bringt Dareios plötzlich selbst in Gefahr. Noch gelingt es seinen griechischen Söldnern, die Reihen zu schließen. Da geht auf Alexanders linkem Flügel am Meeressaum die persische Reiterei in die Offensive. Tapferer Parmenion – der von ihm befehligte Flügel hält stand.

## Mit Mut und genialer Taktik schlägt Alexander die Perser in die Flucht

Dareios hat sich dort eingereiht, wo ein persischer Großkönig traditionell in der Schlachtordnung positioniert ist: im Zentrum seiner Armee, von Elitereitern und Schwertkämpfern geschützt auf seinem Streitwagen stehend. Von dort aus erteilt er in alle Richtungen Befehle. Aufgrund der unregelmäßigen Gebirgsausläufer bildet die persische

Schlachtformation auf ihrer linken Seite keine gerade Linie, sondern erstreckt sich weiter nach vorn. Schon erklimmen Dareios' Schützen die Hügel, greifen nach ihren Pfeilen und spannen die Bögen. Wenn Alexander nicht aufpasst, droht ihm die Einkesselung. Doch er erkennt die Gefahr und schickt Reiter und Lanzenwerfer an die rechte Flanke, die Hügel von den Angreifern zu säubern. „Vom Feinde unbemerkt, verstärkte Alexander den linken und den rechten Flügel auf Kosten der Mitte und rückte dann langsam von Süden, die Sonne im Rücken, gegen den Fluss vor, der die beiden Heerhaufen trennte." (Demandt, A., 2009, S. 141)

Erneut blasen die Trompeten zur Attacke, wieder erhebt sich Schlachtgeschrei. Dareios' Fußtruppen stürmen auf die sich unbeirrbar nach vorn wälzende Phalanx zu, ein Pfeilhagel aus den hinteren Reihen lässt sie zu Boden sinken. Schwerter klirren, Lanzen stechen auf Reiter und Reiter auf Kämpfer am Boden ein, noch mehr Geschosse schwirren über den Köpfen der Soldaten und finden ihr Ziel, tausendfache Schreie gellen durch die Luft, zusehends wird der festgestampfte Sand am Ufer mit Blut durchtränkt. Auch das flache Gewässer färbt sich dunkel. Jetzt hat die Phalanx in Alexanders Zentrum den Pinaros durchquert.

Da reißt die Verbindung mit dem rechten Flügel ab. Eine Lücke tut sich auf, in die Dareios' Soldaten wild um sich schlagend hineindrängen. Hier bietet sich dem Plan des Großkönigs, einen Keil in die Formation zu treiben und die Heeresteile getrennt zu attackieren, noch eine letzte

Chance. Doch am Fuß der Gebirgshänge fällt Alexander mit einem riskanten Reiterangriff den vorrückenden griechischen Söldnern, den kampfstärksten Einheiten Dareios', in die Seite und bedroht damit das Zentrum der Perser und den Großkönig selbst. „Alexander schwenkte nach links, traf die Söldner von hinten und näherte sich dem Wagen des Großkönigs. Die Pferde scheuten, den König packte die Panik, und seine Knechte brachten ein zweites Viergespann, auf dem er sich rettete." In kopflosem Aufruhr sprengen die Reiter davon. „Der Kampf war entschieden, und eine wilde Flucht setzte ein." (Demandt, A., a. a. O., S. 141)

## Ein Moment, festgehalten für die Ewigkeit

Der Verlauf dieser Schlacht zeigt, was Alexander zu einem einzigartigen Krieger und Feldherrn macht: die für ihn typische Kombination aus listenreicher Planung und tolldreistem Genie, seine Lust auf den Kampf und sein unerschütterlicher Glaube daran, dass unter allen Menschen die Götter gerade ihn zu Großem im Krieg erwählt haben. „Alexanders Wahl des Schlachtfelds half ihm, Dareios' überlegene Truppenstärke zu neutralisieren, aber es war seine entschlossene Führung, welche die Schlacht gewann", hebt Ruth Sheppard (2009, S. 137) die vorbildliche Haltung des Heerführers hervor.

Zwei bildliche Darstellungen von der Schlacht bei Issos haben sich bis heute erhalten. Eine ist das berühmte Alexandermosaik aus dem „Haus des Fauns" in Pompeji. Es entstand rund 200 Jahre nach dem epochalen Ereignis und zeigt

*Abbildung 12: „Die Alexanderschlacht". Schlacht bei Issos (333). Alexander der Große besiegt Dareios III.*

den entscheidenden Augenblick der Schlacht: Der Wagenlenker von Dareios wendet das Gefährt zur Flucht, während der Großkönig voller Entsetzen auf den heranstürmenden Alexander blickt. Der Makedonier, auf dessen Brustpanzer das Antlitz der Gorgo Medusa zu sehen ist, rammt seinen Speer in einen Perser, vermutlich Oxathres. Er ist ein Bruder von Dareios und Anführer der persischen Elitereiterei.

Auf dem Mosaik in Pompeji sinkt Oxathres, sich verzweifelt an die ihn durchbohrende Lanze klammernd, dem Tod geweiht von seinem Pferd.

Die zweite Darstellung findet sich auf dem nicht weniger bedeutenden Alexandersarkophag. Er wurde 1887 vom türkischen Archäologen Osman Hamdi Bey in einer Grabkammer der Königsnekropole von Sidon im Libanon gefunden und befindet sich heute im Archäologischen Museum von

*Abbildung 13: „Alexandersarkophag"*

Istanbul. Auf dem Boden der Fundstelle wurde eine Münze gefunden, die auf das 3. vorchristliche Jahrhundert datiert ist. Seinen Namen erhielt der Sarkophag, weil ein auf einem seiner Reliefbilder in feinsten Marmor gemeißelter beritte-ner Krieger mit Löwenhelm und gewandet in ein Löwenfell mit Alexander dem Großen gleichgesetzt wird.

## Der Sieg bei Issos und die Folgen

Zurück zum Wendepunkt der Schlacht bei Issos im von Schülern leicht zu memorierenden Jahr 333 („Drei, drei, drei, bei Issos große Keilerei"). Als die Perser erkennen, dass ihr Oberhaupt flieht und sich das von ihm geführte

Zentrum auflöst, werden sie von Panik erfasst. Ungeordnet und nur an ihr eigenes Leben denkend, reiten oder rennen Soldaten und Söldner vom Schauplatz. Verwundete suchen sich mühsam fortzuschleppen; viele werden dabei erschlagen. Bei der anschließenden Verfolgung durch die makedonische Reiterei verlieren mehr persische Soldaten ihr Leben, als während der Schlacht selbst fallen. Damit endet auch der zweite große Waffengang zwischen Makedoniern und Persern mit einem überwältigenden Sieg Alexanders. Die Gesamtzahl der in dieser Schlacht Gefallenen wird in seltener Übereinstimmung der Quellen mit mehr als 100 000 persischen Fußsoldaten und etwa ebenso viel Kavallerie angegeben. Neben ihnen fanden zwischen 350 und 400 makedonische Soldaten den Tod.

Im Feldlager des Großkönigs erbeuten die Makedonier den Kriegsschatz. Zur verheerenden Niederlage bei Issos kommt für Dareios noch eine persönliche Schmach hinzu. Aufgrund seiner überstürzten Flucht geraten seine Mutter, seine Gattin, die zugleich des Königs Schwester gewesen sein soll, sowie ein noch unmündiger Sohn und zwei Töchter des Dareios und einige Hofdamen, die er in der Gewissheit seiner Rückkehr in einem Prunkzelt zurückgelassen hat, in die Hände der Makedonier. Vergeblich bemüht sich Dareios, sie mit hohen Lösegeldofferten aus der Gefangenschaft zu befreien. Alexander lässt nicht mit sich handeln. Allerdings räumt er den Geiseln königliche Rechte ein und behandelt sie ehrenvoll. Mehr noch: Laut dem Chronisten Diodorus (XVII, 67,1) weist der König einen mit ihm ziehenden, hochgebildeten Lehrer aus Griechenland an, bei den Damen zu bleiben und sie in der griechischen Sprache zu unterrichten. Er wünscht, lässt Alexander wissen, dass die Prinzessinnen künftig mit ihm in seiner Sprache sprechen können. Es ist nicht auszuschließen, dass der gut aussehende Eroberer damit bei den jungen Damen gewisse Hoffnungen weckt …

*Abbildung 14: Alexander der Große mit der in Gefangenschaft geratenen Familie von Dareios III.*

In politischer Hinsicht ist Alexanders Sieg von kaum zu unterschätzender Bedeutung. „Die makedonische Hegemonie über Hellas wurde deutlich gefestigt, da griechische Gegner Alexanders vergeblich auf einen Sieg des Dareios gehofft hatten", notiert Johannes Engels, Professor für Alte Geschichte an der Universität Köln (2006, S. 52), und zieht das Fazit: „Alexanders Kontrolle über Kleinasien war nach Issos nicht mehr gefährdet." Im Gegenteil: Geopolitisch ist die anatolische Landbrücke zwischen Persien und Ägäis zu einem zentralen Knotenpunkt im Alexanderreich geworden. Sowohl strategisch als auch kulturell mit Blick auf den Hellenismus ist seine Funktion als Bindeglied zwischen Makedonien und Griechenland auf der einen und dem Orient auf der anderen Seite kaum zu unterschätzen.

Nicht zuletzt hat der Sieg Alexanders psychologische Wirkungen. „Der Nimbus der persischen Weltmacht und ihres großen Königs war schwer erschüttert. In offener Feldschlacht, nicht nur gegen ein Satrapenheer, sondern gegen den König selbst, war Alexander erfolgreich gewesen. Wie einst die legendären und heroisierten Kämpfer von Marathon und Salamis hatte er eine Entscheidung auf dem Schlachtfeld erzielt, und dies im Land des Gegners." (Gehrke, H.-J., 2013, S. 43) Nach Issos blühen im gesamten östlichen Mittelmeerraum Heldengeschichten über Alexanders Großtaten auf. Und wo es nach einer Generation an Augenzeugenberichten und Erzählungen aus zweiter Hand mangelt, ersetzt nach und nach der Mythos die Wirklichkeit.

Doch noch ist der Krieg gegen die Perser nicht endgültig ausgetragen. Dareios ist auf freiem Fuß. Und in seinen Satrapien verfügt er über willfährige Statthalter und starke Kampfreserven, die er erneut um sich sammeln und für einen Rachezug gegen Alexander ins Feld führen könnte.

Das bringt uns zu der Frage: Wonach strebt Alexander, König von Makedonien, der – noch keine 24 Jahre alt – bereits seinen zweiten großen Sieg über die Achämeniden errungen hat? Will er weiterhin in den Fußstapfen seines

Vaters Philipp marschieren und den Erzfeind Persien auf immer der Möglichkeit berauben, sich jemals wieder auf griechischen Boden zu wagen? Oder hat der siegreiche Persienfeldzug neue, größere Ziele mit sich gebracht?

Aus dem Briefwechsel mit Dareios anlässlich der Verhandlungen um dessen in makedonischer Gefangenschaft gehaltener Familie wird Alexanders gewandelte Einstellung deutlich. Darin weist er Dareios' Friedensangebot gegen umfangreiche Landabtretungen zurück. Stattdessen stellt Alexander die grundsätzliche Legitimität des Großkönigs infrage. Damit aber wird aus dem makedonisch-griechischen Rachefeldzug mit begrenzten Eroberungszielen, wie er noch Alexanders Vater Philipp II. vorgeschwebt hatte, ein Kampf um das Weltreich. Denn hatte das Orakel von Gordion nicht prophezeit, dass Alexander dereinst König von Asien sein würde?

## Der Zug über die Levante

Im Winter des Jahres 333 steht Alexander vor einer schweren Entscheidung. Soll er Dareios nach Babylon nachsetzen und ihn dort zum finalen Kampf stellen? Oder ist es klüger, an die Truppenversorgung und die sich leerende Kriegskasse zu denken und zuerst über die Levante nach Ägypten zu ziehen? Der König lässt sich von Parmenion und seinen anderen Generälen beraten, fasst dann aber, wie es seine Art ist, allein den Beschluss. Gegen die Empfehlung seiner

Offiziere entscheidet er sich für den Weg nach Ägypten entlang der östlichen Küste des Mittelmeers.
Damit erweist sich der makedonische König, den wir bisher vor allem als über die Maßen hinaus talentierten Krieger kennengelernt haben, als vernunftbegabter Denker. „Wohl lässt die Überlieferung ihn die ganze Welt durchziehen und schließlich die Grenzen zum Mythisch-Märchenhaften hin überschreiten. Sein Verhalten … zwingt jedoch zu der Annahme, dass er in keinem Augenblick seines Lebens den Blick für das Erreichbare, Notwendige verlor." (Wirth, G., 1973, S. 98) Alexander dürfte klar sein: So lange die persische Flotte nicht besiegt ist, gefährdet sie die überdies immer länger werdenden Nachschublinien, und deren Stabilität ist für den Aufmarsch zur Entscheidungsschlacht in Mesopotamien unverzichtbar.

Auf See sind die Perser nicht zu schlagen. Auf seinem im Frühjahr 334 beginnenden, rund 37 500 Mann starken Feldzug entlang der östlichen Mittelmeerküste entzieht Alexander ihnen daher mit der Einnahme aller wichtigen Hafenstädte die ökonomische Basis: keine Satrapen, die Persien hörig sind, keine Soldaten, die das persische Heer verstärken, keine Steuereinnahmen, die Dareios' Schatulle füllen. Beeindruckt durch Alexanders Sieg bei Issos, öffnen die achämenidischen Statthalter in Arados, Byblos und Sidon den Makedoniern die Tore und akzeptieren Alexanders Herrschaft. In Damaskus beschlagnahmt Parmenion sogar einen riesigen persischen Kriegsschatz von 2 600 Talenten. Die Folge: „Von da an stand der Eroberungskrieg Alexanders finanziell auf einem soliden Fundament." (Engels, J., 2012, S. 52).

## Die Belagerung von Tyros

Ein Hindernis jedoch steht Alexander auf dem Weg nach Ägypten im Weg: Tyros, die größte und mächtigste, noch nie zuvor eroberte Stadt der Levante. Sie erhebt sich einer Festung gleich auf einer der Küste vorgelagerten Insel und ist mit ihren beiden natürlichen Häfen auf der Nord- und Südseite ein wichtiger Stützpunkt der persischen Flotte. Zunächst versucht das Stadtoberhaupt, Alexander bei der Ankunft des makedonischen Heeres im Januar 332 mit Geschenken zu besänftigen. Die Bitte des Makedoniers, im Haupttempel auf der Insel Opfer darzubringen, wird jedoch abgelehnt. Diese unverhüllte Schmähung legt den Gedanken nahe, dass Tyros auf Verstärkung durch die persische Flotte und aus der phönizischen Kolonie Karthago zu warten scheint. Weil Alexander keine Möglichkeit zu einer friedlichen Verständigung erkennt, schickt er Botschafter in die Stadt und fordert durch sie die Übergabe der Stadt. Doch Tyros entscheidet sich dagegen und also für den Krieg. Man lässt es die Makedonier wissen, indem die Leichen der Gesandten über die Stadtmauer geworfen werden. Das ist ein Affront sondergleichen, den die Makedonier mit gleicher Münze zurückzuzahlen gedenken.

Nur wie soll Alexander die als uneinnehmbar geltende Stadt bezwingen? Schaffen wird er es mit Ideenreichtum, Beharrlichkeit und der technischen Findigkeit seiner Baumeister. Zunächst lässt er einen breiten, 800 Meter langen Damm von der Küste zur Insel aufschütten. Auf dem will er seine Soldaten mit Belagerungsmaschinen an die Befestigungen heranführen und die Stadt sturmreif schießen. „It was an audacious plan but perfectly in keeping with Alexander's character, and while the siege of Tyre proved to be his longest and most costly, it nevertheless demonstrated his brilliance at siege warfare", würdigt Ian Worthington (2014, S. 74) den Plan.

## Die „uneinnehmbare" Festung fällt

Tatsächlich bauen Alexanders Pioniere zwei gewaltige Katapulttürme, doch sie werden von Männern der Stadt sabotiert. Der Makedonier lässt sich nicht entmutigen, sondern gibt seinen Pionieren Order, neue Türme und Katapulte zu bauen. Darüber geht ein halbes Jahr ins Land. In dieser Zeit unternimmt Alexander einen kurzen Feldzug in den Libanon und kehrt mit 4000 Mann Verstärkung zurück. Dank

*Abbildung 15: Belagerung von Tyros durch Alexander den Großen mit Damm und Belagerungsmaschinen*

der Schiffe jener Küstenstädte, die sich ihm freiwillig unterstellen, kann er bis zum Hochsommer den Belagerungsring auch zur Seeseite hin schließen.

Der finale Sturmangriff im August 332 erfolgt von allen Landseiten; auf See lässt Alexander Täuschungsmanöver durchführen. Parallel zum Angriff über den Damm kreuzen Alexanders Schiffe vor den Häfen und versuchen, die Abwehr zu durchdringen. Der entscheidende Schlag gelingt im Süden. Einem Tross heimlich bis an die Stadt herbeigeruderter Elitesoldaten gelingt es, eine Bresche in die Befestigungsmauern zu schlagen. Sie erklimmen die Felsen und stürmen die Stadt. Kurz darauf fallen auch die Häfen. Die Verteidiger werden überwältigt und die Einwohner der Stadt mit Tod oder Verkauf in die Sklaverei bestraft.

Mit der Eroberung von Tyros nach knapp acht Monaten sind die letzten wichtigen Heimathäfen der persischen Flotte in Alexanders Hände gefallen. Die Kunde von Alexanders Sieg über das stolze Tyros, das selbst von den Persern nicht hatte eingenommen werden können, breitet sich wie Schallwellen im Nahen und Mittleren Osten aus. Vorauseilend unterwerfen sich ihm die Könige Zyperns. Dareios legt ein zweites Friedensangebot mit verbesserten Konditionen vor: Nun bietet der Großkönig Alexander das halbe Persische Reich an, Gleichstellung im Rang und dazu die Hand seiner Tochter. Auf Parmenions Beteuerung, er an Alexanders Stelle würde das Angebot annehmen, soll Alexander selbstbewusst entgegnet haben: „Ich auch – wenn ich Parmenion wäre."

Ein zweites Mal lehnt der König Dareios' Friedensvorschlag ab. „Damit wurde allen Beobachtern klar, dass Alexander die Herrschaft über das gesamte Achämenidenreich für sich anstrebte", erläutert Johannes Engels (2012, S. 52). „Er war bereit, für dieses Ziel eine weitere Entscheidungsschlacht gegen Dareios zu schlagen."

Viele Historiker haben gerätselt, was Alexander bewogen haben mag, seinen Triumphzug aufs Spiel zu setzen und nach Ägypten weiterzuziehen. Schließlich hatte sich das persische Heer nach Babylonien zurückgezogen und Dareios schwer damit zu tun, sein von den Makedoniern erodiertes Satrapenreich zusammenzuhalten. Von daher drohte keine Gefahr. „Spätestens nach der Eroberung von Gaza hätte Alexander kehrtmachen und Dareios entgegenziehen müssen, um zu verhindern, dass dieser wieder mit Heeresmacht in Syrien erscheint und ihm nun erfolgreich den Rückweg abschneidet", fasst der Althistoriker Alexander Demandt (2009, S. 161) das Unverständnis vieler Alexander-Interpreten in Worte. Nach seiner Deutung ging es Alexander um die Vollendung der Küstenkontrolle und die Herrschaft über das Niltal und, im Rückblick auf Alexanders Taten feinsinnig in einer Fußnote ergänzt: „Es ist immer misslich, eine Handlung als Fehler zu bezeichnen, die vollen Erfolg erzielt hat." (a. a. O., S. 517)

## Auf nach Ägypten!

Während des Weiterzugs nach Ägypten wagt es nur noch die stark befestigte Stadt Gaza, den Makedoniern Widerstand zu leisten. Nach zwei Monaten Belagerung und mithilfe einer listigen Untertunnelung der Stadtmauern wird auch Gaza erstürmt. Im November 332 bereitet sich Alexander darauf vor, seinen Feldzug auf dem dritten Kontinent fortzusetzen: Afrika.

*Abbildung 16: Belagerungsmaschine eingesetzt bei der Belagerung von Gaza*

Gut zehn Jahre zuvor hatte der persische Großkönig Artaxerxes III. Ägypten als achämenidische Satrapie zurückerobert. (Vgl. Stähli, A., 2019, S. 87 ff.) Seither herrschen Unruhen im Land. Die Perser, obschon die landeseigene Religion tolerierend, sind alles andere als beliebt. Das ägyptische Heer hatte bei Issos mitgekämpft und ist noch nicht zurückgekehrt. Daher bleibt dem persischen Statthalter Mazakes nichts übrig, als den Makedoniern das wohlhabende Land, die Kornkammer Persiens, bedingungslos zu übergeben.

*Abbildung 17: Sanktuar Alexander der Große vor dem Gott Min im Tempel des Amun*

Unter dem Jubel der Bevölkerung zieht Alexander im Dezember 332 in Memphis ein. Man könne davon ausgehen, versichert der österreichische Ägyptologe Wilfried Seipel, „dass die Bevölkerung Alexander eher als Befreier vom persischen Joch begrüßte, als dass sie durch ihn eine neue Knechtschaft befürchtet hätte" (Seipel, W., 2015, S. 25). In Memphis lässt sich Alexander zum Pharao krönen. „So führte sein erster Weg nach Heliopolis und Memphis, Städte des Schöpfungsgottes Ptah und des Sonnengottes Re. Verbunden mit seinen Opferungen an die ägyptischen Königsgötter (…) ließ er sich in dieser uralten Residenzstadt zum Pharao krönen, angetan mit den ägyptischen Insignien Krummstab und Geißel – ganz in Nachfolge traditioneller Königsdarstellungen." (Seipel, W., 2015, a. a. O.) Anschließend holt Alexander bei den Priestern der dem ägyptischen Gott Amun gewidmeten Orakelstätte von Siwa, die in der Antike ebenso bedeutsam war wie das Apollon geweihte Delphi, die Legitimation für seine Königswürde ein: Die Oberpriester von Siwa begrüßen ihn als „Sohn des Amun-Re" (griechisch Ammon, gleichgesetzt mit Zeus). Alexander revanchiert sich mit großzügigen Weihegeschenken für die Gottheiten, Geld für die Priester und Unterstützung bei der Verwaltung des Landes. „Griechisch-makedonische Funktionäre übersahen die zentralen Ressorts von Finanzen, Steuern und militärischer Kontrolle, lokale Amtsträger standen für Kontinuität, waren aber untergeordnet." (Müller, S., 2019, S. 129 f.) Als Gouverneur für die zu Ägypten gehörende Kyrenaika, heute Libyen, wird ein makedonischer General bestimmt.

### Der „Alexanderroman“

In dem Land am Nil erwacht der sogenannte Alexanderroman zum Leben. Fast alle antiken und mittelalterlichen Biografien Alexanders des Großen, deren erste schon kurz nach seinem Tod geschrieben wurden, beginnen mit seiner Vergöttlichung als Pharao von Ägypten. In den Texten wird Alexander durchgehend als kühner Eroberer und Weltenherrscher dargestellt. Wahrheit und Legende gehen dabei eine vom Publikum hochgeschätzte Melange ein. Am frühesten aufgegriffen wurde das Alexander-Thema in der orientalischen, besonders in der syrischen Literatur. Im mittelalterlichen Europa war der Alexanderroman in seinen verschiedenen Versionen neben der Bibel das bekannteste und am weitesten verbreitete Buch. Auch in Literaturen der islamischen Welt fand das Sujet Widerhall, darunter im Alexander-Buch des persischen Dichters Neẓāmī aus dem 12. Jahrhundert. In einer Episode aus dem Alexanderroman wird beschrieben, wie der griechische Dichter Homer Alexander im Traum erscheint und ihn auffordert, an einer bestimmten Stelle an der Meeresküste eine Stadt zu bauen. Der Makedonier folgt der Anweisung des von ihm so geliebten Verfassers der Heldensaga *Ilias*. „So entstand Alexandria, die größte und erfolgreichste der vielen Städte, die der König in den nächsten zehn Jahren gründen würde und die seinen Namen trugen. Alexandria in Ägypten wuchs zu einer der blühendsten Städte des Altertums empor, groß durch Handel wie keine sonst, als Sitz der Wissenschaften berühmter als alle anderen.“ (Fischer-Fabian, S., 1994, S. 115)

## Aufmarsch zur letzten Schlacht um Persien

Mit der Sicherung Ägyptens und der Levante erreicht Alexander ein wichtiges Zwischenziel bei der Eroberung des Perserreiches. Doch noch ist Dareios III. nicht bezwungen. Im Gegenteil: Während die Makedonier Tyros und Gaza belagern, erobern und anschließend Ägypten friedlich für sich einnehmen, stellt der Großkönig eine neue, mit angeblich einer Viertelmillion Kämpfer außerordentlich starke Streitmacht auf. Der Historiker Ian Worthington bezweifelt die teils absurd hohen Zahlen antiker Geschichtsschreiber und präzisiert: „A more plausible figure for the Persian army is 100,000, which is still double that of the Macedonian." (2014, S. 189)

Das Aufgebot an Kriegern aus allen Landesteilen und mit härtest geschmiedeten Waffen raubt den Beobachtern den Atem. Die Reiterei der ostiranischen Stämme bildet den Kern des Heeres. „Hinzu kamen ostanatolische, zentraliranische und medische Kavalleristen sowie als Spezialwaffe Streitwagen, die mit Sicheln an den Deichseln zum Kampf gegen die gegnerische Kavallerie eingesetzt werden sollten … Auch skytische Bogenkämpfer zu Pferde waren als Alliierte herangezogen worden." (Gehrke, H.-J., 2013, S. 53) Die furchteinflößendste Erscheinung jedoch ist ein gutes Dutzend mit eisernen Rüstungen umhängte Kriegselefanten. Von indischen Reitertruppen befehligte Treiber haben sie aus dem östlichsten Teil des persischen Weltreichs nach Babylon gebracht.

Im April 331 verlässt Alexander Ägypten, um das Zentrum des Perserreiches direkt anzugreifen. Mit ihm über Tyros und die Bekaa-Ebene an den Euphrat ziehen um die 40 000 Fußsoldaten sowie 7 000 Reiter. Wenige Wochen später bricht auch Dareios mit seiner Armee auf. Angesichts der gewaltigen Kolonnen von Streitwagen, Reitern, Elefanten und Fußsoldaten und der weiten Distanzen nachvollziehbar treffen die beiden Heere erst Anfang Oktober 331 in einer kleinen Ansiedlung im Zweistromland aufeinander. Der Ort liegt im Nordosten von Ninive zwischen den Flüssen Tigris und Großer Zab. Sein Name wird in die Geschichte eingehen: Gaugamela.

## Die Schlachtaufstellung der Heere

Um nicht denselben Fehler wie bei Issos zu begehen, wählt Dareios den Austragungsplatz für den Entscheidungskampf sehr sorgfältig aus. Das Schlachtfeld befindet sich auf einer ausgedehnten Fläche, auf der Dareios noch Hindernisse errichten lässt, um den Ansturm der gegnerischen Reiter zu bremsen. Auch die persische Schlachtordnung ist präzise überliefert, denn nach dem Kampf fallen die schriftlichen Befehle des Großkönigs zur Anordnung der Truppen den Makedoniern in die Hände. Mit einer in die maximale Breite gezogenen Schlachtreihe will Dareios beide Flügel der Makedonier umfassen. Er selbst hat wieder im Zentrum seiner Truppen Stellung bezogen, flankiert von seiner Garde und den griechischen Söldnern, vor den Kriegselefanten und den etwa 50 Streitwagen, deren eisenbewehrte

*Abbildung 18: Schlacht bei Gaugamela (331)*

Aufbauten der Phalanx standhalten sollen. Der linke Flügel besteht vorwiegend aus baktrischer Reiterei und wird von 100 Streitwagen gedeckt. Auf dem rechten Flügel ist die persische und indische Reiterei zusammengezogen.

Obwohl das Gelände eine andere Topografie aufweist als der Küstenstrich bei Issos, wählt Alexander dieselbe Grundformation. Parmenion bekommt das Kommando über den linken Flügel, im Zentrum steht die Infanterie, und Alexander und seine Getreuen sammeln sich auf dem rechten Flügel. „Da er wusste, dass die makedonische Phalanx praktisch sicher isoliert sein würde, während er und seine Reiterei

auf der äußersten rechten Seite operierten, traf er besondere Vorkehrungen, um ihre Stellung zu schützen", beschreibt Ruth Sheppard die von Alexander mit Bedacht gewählte Schlachtordnung (2009, S. 175). Er stellt eine rückwärtige Zweitformation auf, die im Falle einer Umfassung schwenken und so den Rücken der Phalanx schützen kann. Außerdem gibt er Anweisungen, die Phalanx kurz vor Beginn des Kampfs auszudehnen, um eine Einkesselung zu erschweren.

## Entscheidung bei Gaugamela

Am Morgen des 1. Oktober 331 ertönen die Trompeten. Alexander, wie immer auf dem Rücken seines Pferdes Bukephalos, prescht auf dem rechten Flügel seitwärts los. Damit zwingt er die baktrische Reiterei, will sie nicht eingekreist werden, ihm zu folgen. In die Lücke stoßen leichte Verbände, während Alexander die Kavallerie im Kampf Mann gegen Mann aufreibt. Dareios antwortet mit einem Gegenangriff und treibt seine Streitwagen nach vorn, doch sie werden von Bogenschützen und leichten Truppen abgewehrt. Nun setzt sich die makedonische Phalanx in Bewegung, und wie bei Issos muss Dareios mitansehen, wie sein linker Flügel zusammenbricht. Dafür gelingt es der persischen und indischen Kavallerie, auf beiden Seiten geschützt durch die wütend voranstürmenden Elefanten, auf dem rechten Flügel durchzubrechen. Sie bringen die Reiter des verzweifelt kämpfenden Parmenion und den nahestehenden makedonischen Tross in schwere Bedrängnis.

Die Entscheidung über den Ausgang der Schlacht fällt dort, wo Alexander kämpft. Dareios will ihn isolieren und befiehlt Reiter aus dem Zentrum der Schlacht hinüber zum geschwächten Flügel. „Dies hinterließ eine Lücke im Zentrum, einen verhängnisvollen Schwachpunkt, und zweifellos eröffnete dies die Gelegenheit, die Alexander abgepasst hatte – vielleicht der falsche Schachzug, den er hatte provozieren wollen“, schildert Ruth Sheppard den entscheidenden Moment der Schlacht (2009, S. 178). Denn der gewiefte Stratege erkennt seine Chance sofort – und greift beherzt zu: Alexander ändert seine Stoßrichtung und galoppiert frontal auf Dareios zu. Wie bei Issos sucht dieser sein Heil in der Flucht und überlässt die tapfer kämpfenden Truppen ihrem Schicksal.

Alexander könnte jetzt dem fliehenden Großkönig nachsetzen und ihn endgültig ausschalten. Doch da erreicht ihn der Hilferuf des inmitten feindlicher Krieger verzweifelt Stellung haltenden und um sein Leben kämpfenden Parmenion. Es zeugt von Alexanders Selbstkontrolle und Disziplin, dass er seinen Offizieren mitten im mörderischen Schlachtgetümmel eine Kehrtwendung befiehlt, damit sie ihren bedrängten Kameraden zu Hilfe eilen können. Gemeinsam schlagen die Makedonier auch auf diesem Flügel die Perser in die Flucht. Der sich anschließenden Verfolgung kann sich Dareios erneut entziehen. Die Überlebenden des gewaltigen Heeres zerstreuen sich auf der weiten Ebene.

Noch vor dem Mittag desselben Tages wird Alexander zum „König von Asien" ausgerufen. „Alexander hatte das Reich des Perserkönigs, für die Griechen ‚Asien', gewonnen", fasst Hans-Joachim Gehrke (2013, S. 55) das Ergebnis des dramatischen Geschehens zusammen. „Es war seine ganz persönliche Herrschaft, gegründet auf den militärischen Sieg."

## Alexanders triumphaler Einzug in Babylon

Nun liegt das Herz des Perserreiches frei, Alexander muss nur zugreifen. Babylon und Susa fallen dem Sieger von Gaugamela wie reife Früchte in den Schoß. Die Befehlshaber der Garnisonen und die Wächter der dort gelagerten Schätze übergeben die Schlüssel zu den Stadttoren und Schatzkammern ohne jeden Widerstand an die Eroberer. Längst schon dem Mythos Alexander anheimgefallen und im König traditionell den Herrscher und den Gott verehrend, treten die Babylonier dem Makedonierkönig und Pharao Alexander mit gläubiger Begeisterung entgegen. Mit großem Pomp hält Alexander Einzug in der Stadt, ja, von ihren Bewohnern wird er sogar als Befreier von der persischen Herrschaft bejubelt. Einen Monat lang hält er dort Hof, zeichnet Soldaten und Offiziere für ihre Leistungen aus, lässt rauschende Feste feiern, ehrt die alten und neuen Götter in seinem Reich für die ihm geschenkten Siege und wirbt für die Freundschaft zwischen Hellenen und Persern. Dann bricht er auf, um in die Hauptstadt Persiens, Persepolis, zu ziehen.

*Abbildung 19: Einzug Alexanders des Großen in Babylon*

Dort erfährt Alexander zum ersten Mal seit der Schlacht von Gaugamela Widerstand: Die Soldaten des Satrapen versperren den Eroberern den Durchlass durch die Persische Pforte, eine enge, zehn Kilometer lange Schlucht im Zarosgebirge. Ein erster Angriff scheitert, die Makedonier erleiden Verluste.

Doch Alexander findet einen Schleichweg durch das Gebirge und fällt den überraschten Persern in den Rücken. Von beiden Seiten attackiert, geben die Verteidiger des Passes bald auf, und Alexander rückt kampflos in Persepolis ein. Doch anders als in Babylon und Susa wird die Stadt zur Plünderung freigegeben und der Herrscherpalast in Brand gesteckt. Damit rächt Alexander die vor 150 Jahren von Großkönig Xerxes in Griechenland verübten Zerstörungen an griechischen Tempeln und erfüllt so das Vermächtnis seines Vaters.

## Der letzte Akt im Königsdrama

Aber noch ist Dareios auf der Flucht. Er hält sich im Osten des heutigen Irans in der medischen Residenzstadt Ekbatana auf und bemüht sich um die Aufstellung eines neuen Heeres. Wahrscheinlich rechnet Dareios nicht damit, dass ihn der Makedonier verfolgen wird. „Womöglich setzte er auch darauf, Alexander werde sich nun mit dem Erreichten zufriedengeben und die weiten und entlegenen Gebiete Innerasiens meiden." (Gehrke, H.-J., 2013, S. 61) Doch da irrt Dareios gewaltig. Der Kampf gegen die Perser, von Philipp II. als Maßnahme zur Legitimierung seiner Herrschaft über Griechenland gedacht, hat unter seinem Sohn längst eine andere, weitaus größere Dimension angenommen.

Als Alexander im Mai 330 nach Ekbatana aufbricht, bleibt Dareios nur ein weiteres Mal der feige Rückzug. Damit sinkt das Ansehen des persischen Großkönigs bei seinen Satrapen, das von den Niederlagen bei Issos und Gaugamela ohnehin schwer beschädigt war, ins Bodenlose. Jeder andere Eroberer hätte es damit bewenden lassen, denn Sieg und Anerkennung sind ihm nicht mehr zu nehmen. Nicht so Alexander: Zäh heftet er sich an Dareios' Fersen und verfolgt ihn bis ins heutige Afghanistan.

Der letzte Akt ist ein Klassiker nicht nur des griechischen Königsdramas. Eine Handvoll persischer Fürsten, angeführt vom baktrischen Satrapen Bessos, will die Gunst der Stunde nutzen, um selbst die Herrschaft über die verbliebenen Teile des Reiches zu übernehmen. Sie nehmen Dareios gefangen und fliehen vor dem heranrückenden Makedonier. Der hört davon und gibt seinem Pferd die Sporen. Als er die Verräter fast eingeholt hat, stechen zwei von ihnen Dareios nieder. Warum sie das tun? Vielleicht fürchten sie seine Rache – König ist nun mal König. Möglicherweise wollen sie auch verhindern, dass Dareios, dankbar für sein Leben, Alexanders Herrschaft über das persische Großreich bestätigt. Das würde ihren eigenen Plänen zuwiderlaufen.

Als Alexander die Fliehenden erreicht, hat Dareios bereits seinen letzten Atemzug getan. Nun ist der König von Makedonien der legitime Herrscher über das Weltreich Persien. Wir wissen nicht, ob er in diesem Augenblick triumphiert oder sich der Endlichkeit auch seines Lebens bewusst wird. Belegt ist nur, dass er dem toten Dareios königlichen Respekt bezeugt. „The assassination of a Great King was a heinous offense, and it is a fitting tribute to Alexander's respect for Darius that he ordered his body transported to

Persepolis for ceremonial burial.“ (Worthington, I., 2014, S. 211) Mit dem Tod des letzten persischen Königs aus dem Geschlecht der Achämeniden endet der Rachefeldzug des Makedonierkönigs für seinen Vater und den Korinthischen Bund. Ab jetzt reist Alexander mit eigenem Ziel.

KAPITEL 4

# Die Tragik des Triumphs

## Die Unterwerfung des Perserreichs und der Feldzug nach Indien

Mit dem Tod von Dareios scheint Alexanders Persienfeldzug sein natürliches Ende erreicht zu haben. Seine Kampfgefährten und die Mörder des persischen Großkönigs rechnen allerdings nicht mit dem eisernen Willen des makedonischen Königs, die Ermordung von Dareios III. zu rächen. Erzfeind hin oder her – für Alexander zählt das Gesetz der Ehre.

Bessos und seine Handlanger setzen sich in die nordöstlichen Teile des großpersischen Reiches ab, um den Widerstand von Hyrkanien und Baktrien aus fortzusetzen. Hyrkanien ist eine antike Landschaft am südlichen Kaspischen Meer im heutigen Iran und Turkmenistan, die Satrapie Baktrien umfasst Gebiete im Norden Afghanistans sowie die südlichen Regionen Tadschikistans, Usbekistans und Turkmenistans. Für die Makedonier ist das Terra incognita. Daher schart Alexander ein neues Heer um sich, das nun neben makedonischen und griechischen auch aus persischen Kontingenten besteht. Der Feldherr benötigt ihre Lokalkenntnis, um in die ihm völlig unbekannten Gebiete südlich und östlich des Kaspischen Meeres und noch weiter nach Mittelasien vordringen zu können.

Angesichts der logistischen Vorbereitungen für den Weiterzug nach Osten sind die weniger Abenteuerlustigen unter

Alexanders Soldaten innerlich gespalten. Einerseits hoffen sie, da der Königsmörder Bessos doch gerichtet ist, auf die Heimkehr nach Makedonien. Mit Beute beladen, so malen sie sich aus, kehren sie zu ihren Familien zurück, erwerben ein Landgut und leben fortan als reiche Männer. Andererseits: Würden sie mit dem König weiterziehen, gereichte es ihnen zu höchster Ehre, bis zum glorreichen Abschluss am Alexanderzug teilgenommen zu haben. Nicht zu vergessen der reiche Sold und die neuen Eroberungen, die in Aussicht stehen, denn Alexander knausert nicht, schon gar nicht bei seinen ihm treu ergebenen Reitern, Bogenschützen und Fußtruppen. Einfache Soldaten macht er mit persischem Gold und Silber wohlhabend, ranghohe Krieger zu Millionären, Generäle zu Multimillionären. Nach der Besetzung von Persepolis, als Alexander den Rachefeldzug offiziell für beendet erklärt hatte, waren die Truppen entlassen worden, die ihm der Korinthische Bund gestellt hatte. Jeder einzelne Rückkehrer war mit mindestens 1 000 Drachmen für seinen Mut und sein kämpferisches Geschick belohnt worden. Den im Kampf so wertvollen thessalischen Reitern hatte Alexander freigestellt, bei dreifachem Sold weiter unter ihm zu dienen. „Dass er die Soldaten so großzügig behandelte, lag zum einen an seiner angeborenen Großzügigkeit und zum anderen daran, dass er bei der Verfolgung des Dareios in den Besitz von sehr viel Geld gekommen war. Er hatte aus den königlichen Schätzen die Summe von 8 000 Talenten erhalten. Hinzu kamen 13 000 Talente, die an die Soldaten verteilt wurden, einschließlich Kleidung und Pokale, während das, was gestohlen oder geplündert wurde, noch mehr betragen haben soll.“ (Diodorus Siculus, XVII. 74,3, übersetzt vom Verf.) Die meisten makedonischen und griechischen Soldaten verpflichten sich aufs Neue.

## Alexander versteht sich auf die Kunst der Motivation

Trotzdem spürt Alexander, dass sich die Veteranen nach Ruhe sehnen. Also ruft er sie zusammen und motiviert sie mit einer seiner berühmten Anfeuerungsreden: „Hielte ich den Besitz der Länder, die wir eroberten, für gesichert, dann, ihr Männer, würde auch ich heimkehren, um dort meines Ruhmes zu leben. Noch aber ist es nicht so weit, die Besiegten werden nur durch unsere Waffen im Zaum gehalten, nicht durch ihre Gesinnung: Noch lebt Bessos, der seinen König gemordet, um sich selbst an seine Stelle zu setzen, noch werden wir von den Skythen bedroht, den Baktriern, Sogdiern, Massageten, Parthern, Arachosiern, Sakern, Indern. Sobald wir ihnen unseren Rücken zeigen, werden sie über uns herfallen wie über einen Haufen alter Weiber. Bei allen Göttern, wir stehen an der Schwelle des Sieges. Wer von euch würde ihn leichtfertig verschenken wollen?“ (Fischer-Fabian, S., 1994, S. 180)

Die Aufnahme persischer Soldaten und Offiziere in das aufgrund seiner Siege schon jetzt legendäre Heer Alexanders gefällt nicht jedem seiner Landsleute. Die Entscheidung unterstreicht indes, mit welcher Weitsicht und Unbedingtheit Alexander seine geopolitische Vision verwirklichen will: die Verschmelzung von Europa und Asien zu einem größeren Ganzen – zu Eurasien.

Anderthalb Jahrhunderte zuvor hatte der griechische Geschichtsschreiber Herodot von Halikarnassos (490/480 bis um 430/420 v. Chr.) Bosporus und Kaukasus als die östlichen Grenzen Europas bestimmt. Um sie ausdehnen und die noch weiter im Osten siedelnden Völker in seine Vision einbinden zu können, braucht Alexander die Unterstützung der landeskundigen persischen Adligen. Deshalb scheut er nicht davor zurück, sich ihm gegenüber loyal verhaltende Perser als Satrapen in ihren Provinzen zu belassen. „So nimmt er etwa den jüngeren Bruder von Dareios, der nach dem Tod des Großkönigs zu Alexander übergelaufen ist, in sein Gefolge auf, schätzt dessen Dienste als Ratgeber", berichtet Markus Wolff (2013, S. 102). Geschickt nutzt der Makedonier die Ermordung ihres früheren Königs, um die Perser zu einem Rachezug gegen Bessos aufzurufen. Der hat sich nun den Namen Artaxerxes (IV.) gegeben und nennt sich Großkönig von Persien.

## Auf der Jagd nach dem Königsmörder Bessos

Im Sommer 330 erobert Alexander Hyrkanien. Über die weiter südlich gelegene Satrapie Aria, heute die afghanische Provinz Herat, marschiert das Heer weiter in nordöstlicher Richtung, dem zentralasiatischen Gebirge Hindukusch entgegen. Unterwegs kommt es zu einem Zwischenfall. Philotas, der Sohn des makedonischen Generals Parmenion, wird von der Heeresversammlung beschuldigt – ob zu Recht oder zu Unrecht, ist heute nicht mehr zu sagen –, einen Anschlag auf Alexanders Leben unternommen zu haben. Möglicherweise dient die Anklage Alexander als Vorwand, um sich Parmenions zu entledigen. Denn wie viele makedonische Offiziere missbilligt der einst so loyale Kampfgefährte Alexanders Aufgeschlossenheit für die persische Kultur. Was wir in unseren Tagen als Zeichen der Völkerfreundschaft wertschätzen, wird von den stolzen Makedoniern als Anbiederung an ein barbarisches Volk gewertet und verachtet. Ungeachtet der Stimmung wird Philotas der Anklage für schuldig befunden und hingerichtet. Wenig später fällt auch Parmenion den Scharfrichtern zum Opfer.

Nach einer mühevollen Reise entlang des Flusses Tarnak erreicht Alexander im April 329 das Zentrum des heutigen Afghanistans. Die turk- und mongolenstämmigen Einwohner, die längst von Alexanders Siegeszug gehört haben, nehmen ihn wohlwollend auf. „Während er sich viele der führenden Männer durch sein ritterliches Verhalten gewann, war ihm die Bevölkerung in den eroberten Städten wohlgesinnt, da ihm der Ruf vorausging, er ehre allenthalben die Götter. Schon in Ägypten hatte man ihn deshalb als Befreier vom persischen Joch bereitwillig aufgenommen …" (Giebel, M., 2005, S. 2) Am Fuße des Hindukuschs gründet er eine weitere Stadt namens Alexandria (heute Chârikâr) und nimmt Proviant auf für den Gewaltmarsch über das karge und zerklüftete Gebirge mit seinen 4000 bis 5000 Meter hohen Gipfeln.

*Abbildung 20: Karte des Alexanderreichs mit Alexanderzug*

Der kühne Plan gelingt. Jenseits des Hindukuschs in Baktrien angekommen, erobern Alexanders Truppen ohne große Verluste die Hauptstadt Baktra. Was er nicht weiß: Aus Angst vor Alexanders Rache haben die Einwohner Wochen zuvor Bessos vertrieben. Doch der vorauseilende Gehorsam nützt ihnen nichts; sie werden in die Sklaverei geschickt und die Stadt in Alexandreia umbenannt (heute Herat). Erneut überlässt der König seinen Männern die Wahl: Unter Mitnahme eines großzügigen Endsoldes dürfen wehruntaugliche und heimatkranke Makedonier und Griechen nach Hause zurückkehren. Dieses Mal nehmen einige Hundert von ihnen das Angebot an. Der lange Marsch fordert seinen Tribut.

Die anderen setzen die Jagd auf den Mörder des Dareios fort. Am Ende einer 75 Kilometer langen Durststrecke durch die staubtrockene Wüste überqueren Alexanders Männer den Fluss Oxos „ohne Furt und ohne Schiffe in fünf Tagen, indem seine Krieger auf Ledersäcken aus gegerbten Schafsfellen, gefüllt mit Schilf, den reißenden, an der schmalsten Stelle bei Kilif noch immer über einen Kilometer breiten Fluss durchschwammen“ (Demandt, A., 2009, S. 224). Am anderen Ufer nehmen Alexanders Mannen erneut die Spur des Königsmörders auf. Hartnäckig bleiben sie ihm auf den Fersen.

Alexanders fester Wille, Bessos notfalls bis an das Ende der Welt zu jagen, zermürbt die Nerven der Baktrier. Sie wollen, dass die makedonischen Krieger aus ihrem Land abziehen – je eher, desto besser. Zwei von Bessos' Begleitern, der Satrap Spitamenes und sein Kumpan Datames, entscheiden sich daher für den Hochverrat: Sie lassen Alexander wissen, dass sie den Gesuchten festnehmen und an seinen Feldherrn Ptolemaios ausliefern wollen. Mit dieser Tat, davon sind sie überzeugt, wäre die makedonische Mission beendet, und der König würde mit seinen Schwerbewaffneten nach Persepolis zurückkehren. Vermutlich hoffen sie auch auf den Dank und die Milde seiner erschöpften Soldaten. Tatsächlich geht Alexander auf das Angebot ein, lässt Ptolemaios zu den Verrätern eilen und ihnen Straffreiheit versprechen. Sicherheitshalber setzt er seinen Vormarsch bis zum Fluss Jaxartes fort. Dort lässt er die Stadt Alexandria Eschatê (das heutige Chodschend) anlegen.

Im Frühsommer des Jahres 329 schließlich ereilt Bessos seine gerechte Strafe: Spitamenes setzt den Delinquenten fest und liefert ihn an Alexander aus. Der schickt ihn zur Aburteilung nach Baktra. Dort wird das Todesurteil gesprochen. Vollzogen wird es in Ekbatana – just an dem Ort, an dem Bessos im Jahr zuvor den letzten Perserkönig getötet hatte.

## Ein Mann sucht seine Bestimmung …

Mit dem Tod des Meuchelmörders ist das Ziel des Alexanderzuges erreicht. Das glauben jedenfalls die tapferen, aber ausgezehrten Soldaten des Makedonierkönigs. Alexander hingegen sieht sich mitnichten am Ziel, sondern lediglich am Ende einer Etappe. Hatte ihm das Orakel nicht geweissagt, er werde ganz Asien bezwingen? Sicher, mit der Eroberung des großpersischen Reiches hat er sein Land gerächt und sich an die Spitze der Völker des Ostens gesetzt. Doch längst nicht des *Fernen* Ostens, in dem es so viel Bewundernswertes zu entdecken, so viel seiner, der antiken Kultur des Westens hinzuzufügen gibt. Der gefahrvolle Zug bis über den Hindukusch hat Alexander in seinen Bann geschlagen. Fasziniert von der Idee, bis an das Ende der Welt zu gelangen, will er seinen Weg weitergehen.

Nicht jeder Offizier und schon gar nicht jeder einfache Fußsoldat vermag Alexanders Begeisterung und seinen Gestaltungswillen zu teilen. Hinzu kommt Eifersucht auf die belesenen und gebildeten Perser, auf deren Meinung Alexander hört und die er bewusst in seinen engeren Kreis zieht, um den Horizont zu erweitern. So tritt allmählich eine Kluft zwischen Führer und Geführten. „Konnte er gleichzeitig

Oberfeldherr der Griechen und Makedonen und der neue Großkönig des persischen Reiches sein?“, bringt die Altphilologin Marion Giebel (2005, S. 4) die Sorgen der Truppen auf den Punkt. „Die Makedonen meldeten ihre Zweifel an. Ihr Feldherr hatte ihnen allen im Überfluss Anteil gegeben an den Reichtümern Persiens, sodass sich jeder von ihnen, ob er auch daheim nur ein Bauer oder Schafhirte war, als großer Mann fühlen konnte. Und da sollte man Alexanders Gunst mit den Besiegten teilen, zusehen, wie sie allenthalben hohe Posten einnahmen? Mit wachsendem Befremden, ja mit Verärgerung nahmen die Krieger wahr, wie sich Alexander ‚assimilierte‘, wie er immer mehr vom makedonischen Oberfeldherrn und Heerkönig zum orientalischen Herrscher wurde.“ (Giebel, M., 2005, S. 3)

Zum ersten Mal auf diesem Feldzug lehnen sich Alexanders Soldaten gegen seine Beschlüsse auf. Sie wollen nicht weitermarschieren. Sie wollen zurück nach Hause. Das immer lautere Grollen in der Truppe gibt persischen Meuterern Vortrieb. „An der Spitze des Widerstandes finden wir nun Spitamenes, der zwar die Auslieferung des Bessos veranlasst hatte, damit aber nicht, wie er wohl hoffte, Alexander zum Rückzug bewegen konnte.“ (Demandt, A., 2009, S. 225)

Erbittert kämpft der einstige baktrische Satrap zusammen mit Skythen, Massagenen und sogdischen Reitern, in deren Augen die Makedonier nichts in ihren Ländern zu suchen haben, gegen seinen König. Und bringt dessen Generäle tatsächlich in die Bredouille. Im Herbst 329 bedrohen

Spitamenes und seine nomadischen Reiter die 1 000 Mann starke Garnison von Samarkand. Alexander kommandierte Soldaten zur Verteidigung ab. Doch die treffen müde und hungrig, die Versorgungslage sieht nicht gut aus, am Schauplatz ein. „Ihre Generäle hatten zu streiten begonnen, als plötzlich Spitamenes auftauchte und ihnen eine scharfe Lektion erteilte, wie eine bewegliche Schlacht zu Pferde zu schlagen sei. Im Gegensatz zu Alexander wussten die nachgeordneten Generäle nicht, wie man mit der flexiblen Taktik der berittenen skythischen Bogenschützen fertig wurde – umso weniger, als sie es mit einer mehr als doppelten Übermacht aufzunehmen hatten. Ihre gesamte Entsatztruppe war dem Feind auf einer Flussinsel im Zerawshan in die Falle gegangen und bis auf den letzten Mann niedergemacht worden." (Lane Fox, R., 2010, S. 400)

### … und findet seinen Weg

Mit der Verfolgungsjagd auf Bessos hat der Alexanderzug seinen Verlauf geändert: Nicht mehr geradlinig und die Augen auf ein festes Ziel gerichtet marschieren Alexanders Soldaten durch die fremden Lande, sondern auf der Suche nach Wegzehrung oder in der Verfolgung von Feinden kreuz und quer durch Steppen, Wüsten und über die Gebirgszüge Vorderasiens. Nach einer Rast im Winter 328/327 zieht das Heer weiter nach Osten. In den Kampfpausen gründet Alexander neue Städte, lässt konvertible Münzen prägen und erschafft damit erstmals auf der Welt eine reichsweit gültige Währung, errichtet Handelsstationen und besetzt sie beim

Weiterzug mit eigenen Leuten, um den Steuerfluss ins Zentrum seines Reiches abzusichern. „Durch Krieg und Diplomatie unterwarf Alexander die unnachgiebige Bevölkerung. Er sicherte das Territorium durch die Einrichtung von Garnisonen aus makedonischen und griechischen Soldaten im ganzen Gebiet“, beschreibt die Historikerin Ruth Sheppard (2009, S. 197) Alexanders Bemühungen um „Entwicklungshilfe“, denn faktisch war es eine solche, wenngleich sie auch Alexander von Nutzen ist. Weitab der Heimat hat sich der König ein neues Ziel gesteckt: Er will die rückständigen Völker Asiens in den Genuss der wirtschaftlichen und kulturellen Errungenschaften des hellenistisch-persischen Doppelreiches bringen und so seinen Traum von Eurasien verwirklichen.

Im Frühjahr 327 feiert Alexander Hochzeit. „Die Eroberung eines uneinnehmbar erscheinenden Felsennestes beendet den erbitterten Widerstand der Bergstämme in Afghanistan: Unter den Gefangenen ist ein schönes Mädchen, Roxane, die Tochter eines der ‚Kriegsherren‘. Sie wird nicht zur Beute, sondern zur rechtmäßigen Gemahlin Alexanders.“ (Giebel, M., 2005, S. 4). Auf diese diplomatische Weise sucht der Makedonier, dem aufreibenden Guerillakrieg in Afghanistan ein Ende zu machen, und das gelingt ihm auch. Selbst wenn es, wie Plutarch berichtet, keine reine Zweckehe ist, sondern eine Liebesheirat – „His actions were motivated by passion – he had noted her beautiful and comely looks when he saw her participating in a dance during the after-dinner drinking" (Heckel, W., Yardley, J. C., 2004, S. 203) – fühlen sich die „Barbaren“ durch die Gunstbezeugung Alexanders gegenüber einer Landestochter hochgeehrt.

*Abbildung 21: Die Hochzeit Alexanders des Großen und Roxana (auch: Roxane)*

Für die Hochzeit hüllt sich der makedonische König nicht zum ersten Mal in Kleidung, für die er an seinem Hof in Pella missbilligende Blicke geerntet hätte. Statt des königlich-purpurfarbenen Gewandes trägt er an Festtagen nun Kleidung nach persisch-medischer Art und Farbgebung. Eines persischen Großkönigs angemessen, ziert sein Haupt eine barettartige, flache Mütze (Kausia) mit einem darum gewundenen Diadem. (Vgl. Müller, S., 2019, S. 165) Seine Beinkleider hingegen bleiben der heimischen Mode treu. Auf diese Weise unterstreicht Alexander selbst in höchstpersönlichen Dingen seine Absicht, West und Ost einander nahezubringen und zu verbinden.

Vieles sehen ihm seine makedonischen Kampfesbrüder nach – aber nicht alles. Als Alexander versucht, das persische Hofritual des Fußfalls (Proskynese) in den Kreisen der Hellenen einzuführen, verwehren sie ihm die Zustimmung. (Schachermeyr, F., 1973, S. 370) Gemäß diesem Zeremoniell muss sich jeder, der vor den König treten möchte, vor ihm verbeugen und das Gesicht auf den Boden pressen. Das Problem: Makedonier und Griechen huldigen so nur ihren Göttern, nicht aber weltlichen Herrschern. Deshalb verweigern sie Alexander diese Unterwerfungsgeste und verlangen ohne die Gewährung von Verhandlungsspielraum, dass sie auf die Perser beschränkt bleibe.

## Der Feldzug nach Indien

Alexander gibt nach. Denn zum einen hat ihn eine kurz zuvor fehlgeschlagene Verschwörung einiger seiner Pagen nachdenklich gemacht – sie hatten gegen ihn ein Mordkomplott ausgeheckt, das nur durch glückliche Umstände hatte verhindert werden können –, zum anderen braucht er seine Heerführer und Soldaten, um sein nächstes Vorhaben zu verwirklichen: die Eroberung Indiens, dem letzten Teil der damals bekannten Welt. „Aristoteles hatte behauptet, ‚Indien', die Region östlich des Indus, sei eine ostwärts ins äußere Weltmeer ragende Halbinsel, die so klein sei, dass man an klaren Tagen vom Kamm des Kaukasus den Ozean sehen könnte", erklärt der Historiker Nicholas Hammond (2001, S. 230) Alexanders Weltbild, wobei mit „Kaukasus" der Hindukusch gemeint ist. Auf seinem bisherigen Feldzug hat der Makedonier bereits gelernt, dass sich sein Lehrmeister in diesem Punkt wohl geirrt haben musste, denn er war weit nach Osten gelangt, ohne den Ozean hätte erblicken zu können. Also muss er weiterziehen. Und mit einem Sieg über Indien wäre Alexander tatsächlich der Herrscher über ganz Asien – wie es ihm das Orakel einst prophezeit hatte.

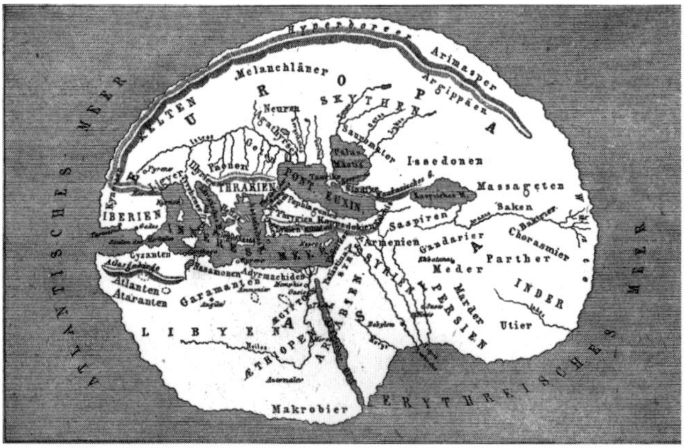


*Abbildung 22: Weltkarte nach Herodot*

Das Gebiet, das 327 v. Chr. als „Indien" bezeichnet wurde, umfasst Teile des heutigen Afghanistans, Pakistans sowie den Subkontinent Indien. Dessen gewaltige Ausmaße sind in der Antike ebenso unbekannt wie die Tatsache, dass es kein Reich unter einheitlicher Führung ist, sondern ein Flickenteppich aus mehr oder weniger autonomen Kleinstaaten.

Nur nominell unterstehen sie bis zum westlichen Rand Indiens dem persischen Großkönig. „By Alexander's time, Persian suzerainty, even nominally, extended no further than the Kabul valley, the inhabitants of which had sent cavalry and elephants to Darius' army at Gaugamela." (Bosworth, A.B., 2008, S. 119) Bei den indischen Fürsten will Alexander zunächst seinen Herrschaftsanspruch durchsetzen.

Schon sind die Vorbereitungen für einen neuerlichen Feldzug in Richtung Osten abgeschlossen. Alexander teilt sein Heer in zwei Kolonnen. Die Elitekämpfer führt er selbst an, das restliche Heer und die Söldner sein Jugendfreund, der inzwischen zum wichtigsten Militär arrivierten General Hephaistion (siehe S. 26). „In the late spring of 327, with an army of anything up to 70,000 men including nonmilitary personnel, Alexander could finally turn to his next major offensive, the invasion of India", schildert der Historiker Ian Worthington (2014, S. 235) den gleichzeitigen Aufbruch beider Armeeteile in die ihnen unbekannte Region. Dort treffen sie auf Stammesfürsten mit in Größe und Ausrüstung sehr unterschiedlichen Streitkräften. Meist ist es eine Mischung aus Fußvolk, Reiterei, Streitwagen und Kriegselefanten als „bewegliche Festungen".

## Erst jenseits des Indus tritt Alexander ernsthafter Widerstand entgegen

Auf dem Weg des makedonischen Heeres durch das Tal des Kabul-Flusses hinab zum Indus unterwerfen sich einige

Stammesobere sofort der anrückenden Übermacht. Nichts anderes hat Alexander erwartet. Andere leisten wochenlang erbitterten Widerstand. Dank seiner Erfahrung aus den Belagerungen von Tyros und Gaza bezwingt Alexander im Herbst und Winter 327 ein Fürstentum nach dem nächsten, belohnt Unterwerfung reich und bestraft Widerstand hart, was die Nachbarn natürlich schneller ans Aufgeben denken lässt. Nichts scheint seinen Siegeszug aufhalten zu können, und so treffen die beiden Armeen Anfang 326 am Indus wieder aufeinander, an der östlichen Grenze des Perserreiches. Das Land zwischen Kabul und Indus bestimmt Alexander zur Provinz Gandhara. Seinen Gefolgsmann Nikanor ernennt er zu deren Statthalter.

Acht volle Jahre sind seit der Schlacht am Granikos ins Land gezogen, und noch immer folgen ihm seine Männer aufs Wort, als Alexander in den heute Punjab („Fünfstromland“) genannten Teil Pakistans vordringt. Am westlichsten der fünf Flüsse, dem Hydaspes (heute: Jhelam), trifft er im Mai 326 auf einen ernst zu nehmenden Gegner. Es ist der indische König Poros, der über die Region Pauravas herrscht und Alexanders Forderung, ihn als König und Gott anerkennen, verächtlich zurückweist. Poros lässt mitteilen, er erwarte Alexanders Streitmacht auf der östlichen Seite des Hydaspes. Zwar sucht eine berittene Einheit unter Leitung von Poros' Sohn, den Makedoniern den Weg über den Strom zu versperren, doch es gelingt ihnen nicht.

## Alexanders letzter Sieg am Hydaspes

Unbeirrt ziehen Makedonier, Griechen und Perser dem majestätisch dahinfließenden Fluss entgegen. Zahlenmäßig sind sie dem kleinen Heer des Poros, mit dessen Heranrücken sie jederzeit rechnen, deutlich überlegen. Als ihnen jedoch zugetragen wird, dass Poros über eine riesige Herde von Kriegselefanten verfügen soll, wird es den Soldaten mulmig. Besonders beunruhigt sind die Bogenschützen, wissen sie doch seit der Schlacht von Gaugamela, dass sie mit ihrem Kriegsgerät nicht viel gegen diese Tiere ausrichten können, ungezielte Treffer machen sie sogar noch wütender und angriffslustiger. Überdies macht die ungewohnte Topografie den Männern zu schaffen. In dem nun üppig bewaldeten Land, in dem es pausenlos zu regnen scheint, kommen sie zu Fuß schwer zurecht.

Bei seiner letzten großen Feldschlacht stellt der noch nicht ganz 30-jährige Makedonierkönig sein militärisches Genie noch einmal unter Beweis. Da ein Frontalangriff über den bis zu vier Kilometer breiten Hydaspes unmöglich ist, greift er zu einer List, wie sie selbst der antike Held Odysseus nicht besser hätte ersinnen können. „Mit einigen einfallsreichen Täuschungsmanövern verschleierte Alexander die Vorbereitungen für die Flussüberquerung an einem Punkt, der sich etwa dreißig Kilometer stromaufwärts seines Lagers befand. Dann landete er in einer stürmischen Mainacht mit fünftausend Reitern und sechstausend Fußsoldaten kurz nach Tagesanbruch am anderen Ufer“, beschreibt der Historiker Nicholas Hammond (2001, S. 230) den Geniestreich.

Den im Biwak zurückgebliebenen Soldaten hatte Alexander zuvor befohlen, mit viel Lärm und Leuchtfeuer den Verbleib der Streitmacht im Feldlager vorzutäuschen.

Der kühne Plan gelingt. Im ersten Morgenlicht entdecken Poros' Späher Alexanders Heer auf ihrer Seite. Eilig zieht Poros stromaufwärts und stellt sich zur Schlacht auf. Während der Inder mehr Fußsoldaten aufbieten kann, ist Alexander bei der Reiterei überlegen. Diesen Nachteil will Poros mit seinen 200 Kriegselefanten wettmachen. Doch Alexander gelingt es auf beiden Flügeln, den Elefanten auszuweichen und die gegnerischen Reiter zurückzuschlagen. Als die Elefanten daraufhin ins Zentrum der Phalanx vorstoßen wollen, werden sie von einem Geschosshagel aus Pfeilen und Speeren in die Augen zurückgedrängt. In ihrer Panik trampeln sie viele indische Infanteristen nieder. Ihre kopflos durcheinanderlaufenden Kameraden bekommen sodann die Zielsicherheit der makedonischen Bogenschützen und die Wucht der Sarissen zu spüren.

Poros, ein Hüne von einem Mann, kämpft auf seinem Elefanten tapfer und verbissen. Doch sein Heer wird nahezu aufgerieben, während die Makedonier nur geringe Verluste erleiden. Als das Ende der Schlacht absehbar ist, steigt Poros von seinem Elefanten und ergibt sich. Von Alexander gefragt, wie er behandelt werden möchte, antwortet Poros mit einem einzigen Wort – „Königlich." Alexander erweist sich daraufhin als kluger Sieger. Er begnadigt Poros und ernennt ihn zu seinem Statthalter in Pauravas. Auf diese

Weise sichert Alexander das Hinterland für seinen weiteren Vorstoß nach Osten.

Einen persönlichen Verlust hat der König in der Schlacht am Hydaspes jedoch zu beklagen: Es ist sein getreues Pferd Bukephalos, das ihm einst sein Vater geschenkt hatte. Ihm zu Ehren gründet Alexander eine Stadt und nennt sie „Alexandreia Bukephalos“. Heute erhebt sich dort das pakistanische Jhelam.

*Abbildung 23: Alexander der Große und König Poros nach der Schlacht am Hydaspes*

Seinen Sieg über Poros wird Alexander später auf Münzen festhalten. Er lässt eine Dekadrachme prägen, deren Vorderseite ihn selbst zu Pferd und Poros auf einem Kriegselefanten zeigt. Auf der Rückseite schleudert der Makedonier als Zeus ein Bündel von Blitzen.

### Nicht der König, sondern die Götter befehlen den Rückzug

Alexander ahnt nicht, dass sich am Hydaspes sein Schicksalsblatt gewendet hat. Diese Schlacht wird sein letzter großer Sieg gewesen sein. In Unkenntnis dessen gibt er als nächstes Etappenziel das Königreich Magadha am Ganges vor. Also weiter nach Osten.

Am 20. Juli 326 wird er 30 Jahre alt. Doch so dürfte sich der König seinen Ehrentag nicht vorgestellt haben. Unter heftigem Monsunregen quälen sich seine ausgelaugten Soldaten eher tot als lebendig durch Hochwasser führende Flüsse, dampfende Dschungel und unwegsame Fiebersümpfe. Als sie den Fluss Hyphasis (heute Beas) erreichen, weigern sich die Männer, weiterzugehen und wollen um jeden Preis heimkehren. Alexander ist außer sich, befiehlt, bittet, beschwört, fleht. Aber die Soldaten bleiben standhaft. Acht lange Jahre sind sie klaglos in Reih und Glied marschiert, haben tapfer gekämpft und große Entbehrungen auf sich genommen. Fast 20 000 Kilometer haben die Soldaten zurückgelegt. Nun wollen sie nicht mehr.

Zwei, drei Tage zieht sich der König in sein Zelt zurück und hadert mit seinen Männern. Er fühlt sich von ihnen im Stich gelassen – angesichts seiner triumphalen Erfolge, wie er meint, völlig zu Unrecht. Wut und Verzweiflung in den Stunden des Grübelns hinter sich lassend sieht er schließlich ein, dass seine Macht an Grenzen gestoßen ist. „Alexander knew that he had been beaten, but he could not admit defeat. Instead, on the third day he took the auspices (how is unknown), as was his daily regnal duty for the well-being of his people, and proclaimed that they were unfavorable", beschreibt Ian Worthington (2014, S. 253) die Genese des gesichtswahrenden Rückzugsbescheids. Nicht länger stellt sich Alexander gegen seine Soldaten. Am Ufer des Hyphasis gründet er noch ein weiteres Alexandreia, siedelt dort viele Veteranen an, lässt Gold- und Silbermünzen prägen und gibt das Signal zum Rückzug.

## Vom Ende der Welt hinein in den Vorhof der Hölle

Im Spätsommer 326 steht die immer noch rund 60 000 Köpfe zählende Streitmacht zum zweiten Mal am Ufer des Hydaspes. In Alexandreia Bukephalos erwartet sie eine fast vollendete Flotte von rund 2 000 Kriegs- und Versorgungsschiffen. Sie sollen unter Admiral Nearchos die Truppe über den Hydaspes und den Akesines zum Indus und von dort aus flussabwärts zum Indischen Ozean bringen. Wer keinen Platz findet an Bord, marschiert längs des Ufers mit. Anfangs geht alles gut. Je länger die Reise jedoch dauert, desto intensiver werden die Soldaten in Fehden mit indischen Stämmen verwickelt.

Bei einem dieser Kämpfe wird Alexander durch einen Pfeil schwer an der Lunge verletzt. Er überlebt, allein er wird den Rest seines Lebens unter den Folgen dieser Verwundung leiden. Vom Krankenlager aus befiehlt er, am Zusammenfluss von Akesines und Indus ein weiteres Alexandreia zu errichten. Die Stadt soll künftig als Logistikstützpunkt für den Handel zwischen Indien und Persien dienen.

Im Sommer 325 erreichen die Makedonier auf der Höhe des heutigen Haiderabad das Mündungsdelta des Indus. Kurz zuvor beordert Alexander die nicht mehr kampffähigen Soldaten auf dem küstennahen Seeweg nach Hause. Ein kleinerer Teil mit ihm selbst an der Spitze will sie an Land entlang der Meereskante begleiten. Das sichert nicht nur die Versorgung der Segler, sondern gibt dem königlichen Entdecker auch Gelegenheit für kartografische Studien und Exkursionen auf exotischem Gebiet. Vor dem Aufbruch aber will Alexander noch seinen Fuß in den Indus tauchen. Für ihn, der sich am Ende der Welt glaubt, ist das der Okeanos, in der griechischen Mythologie die göttliche Personifikation eines die bewohnte Welt umfließenden gewaltigen Stromes, gewissermaßen der Vater aller Flüsse und der Ursprung der Götter. Dankbar für ihr Geleit, lässt Alexander an der Mündung des Indus goldene Schalen und andere Opfergaben im Indischen Ozean versenken. Poseidon, der Gott des Meeres, hat sie bis heute nicht wieder hergegeben.

Auf dem kürzesten Weg will Alexander nach Nordwesten, und der führt – der König schlägt alle Warnungen in den Wind – für ihn und Zehntausende von Soldaten durch die gefahrvolle Gedrosische Wüste. Viele verdursten oder verhungern, werden vom Fieber oder Hitzschlägen davongerafft, andere von nach Starkregenfällen angeschwollenen Gewässern davongerissen. Diese Strecke ist mörderisch. „Als

Alexander nach rund 60 Tagen in das fruchtbare Land von Pura (Bampar), der Hauptstadt von Gedrosien, gelangte, war nur noch ein Viertel seines militärischen Aufgebots, rund 15 000 Mann, am Leben." (Gehrke, H. J., 2013, S. 82) Von der Flotte fehlt jede Kunde. Aber Alexander hat die Wüstenei bezwungen, was vor ihm keinem Eroberer gelungen war. Und er ist zurück auf sicherem persischem Boden.

## Die Massenhochzeit von Susa

Von der Satrapie Karmanien im Süden des heutigen Iran zieht Alexander in einem siebentägigen Triumphzug dionysischen Gepräges heim. Ganz vorn der König auf einem von acht Pferden gezogenen Wagen mit einem großen Altar, im Kreis seiner Gefährten sich am Wein labend, gefolgt von weiteren prächtig geschmückten Wagen mit bacchantisch Feiernden – es ist die schiere „Inszenierung herrscherlicher Macht und Pracht", in der Hans-Joachim Gehrke (2013, S. 83) ein Schule machendes Merkmal für den aufblühenden Hellenismus erkennt.

Auf dem Weg nach Westen kommen die Wagen und Fußtruppen im März 324 nach Susa. Dort treffen sie auf die Überlebenden der über Meer und Binnengewässer heimgekehrten Flotte. Die glückliche Zusammenkunft wird mit ausgedehnten Festen gefeiert. Von einem davon ist noch heute die Rede. Denn dabei kommt es zu einer pompös gefeierten Massenhochzeit nach persischem Zeremoniell, bei der angeblich 10 000, wahrscheinlich aber „nur" einige

*Abbildung 24: Massenhochzeit von Susa (324). Alexander der Große vermählt sich mit Prinzessin Stateira, der Tochter von Dareios III.*

100 persische Frauen mit 91 Gefolgsleuten Alexanders verheiratet werden. Er selbst vermählt sich in Susa mit zwei Prinzessinnen, nämlich mit Stateira, einer Tochter des Dareios III., und mit Parysatis, der jüngsten Tochter von Artaxerxes III. Eine weitere Tochter des Dareios gibt Alexander seinem Intimfreund Hephaistos zur Frau. Damit unterstreicht er dessen Bedeutung.

Viel ist gerätselt worden, wie man die Hochzeiten von Susa zu verstehen hat. Bis in das letzte Jahrhundert hinein neigte die Forschung zur Sichtweise, Alexander habe damit seinem Vater Philipp II. die Reverenz erweisen wollen. Der sah im Heiraten ein elegantes Mittel der Diplomatie und hat es selbst wiederholt aus staatspolitischen Gründen genutzt. Auch sein Sohn habe das Instrument der Eheschließung – hier: die massenhaften Eheschließungen – als günstig gewertet, um das Zusammenwachsen von Persern und Hellenen unterhalb der Befehlsebene zu fördern. Man erkannte darin Zeichen von Alexanders angestrebter „Menschheitsverbrüderung" und „Verschmelzungspolitik".

Jüngere Historiker stützen diese – obwohl durchaus plausible – Auslegungsvariante nicht mehr. Eine alternative Interpretation schlägt der Althistoriker Hans-Ulrich Wiemer (2005, S. 158 f.) vor. Ihm zufolge sehnte sich Alexander seit dem Brand von Persepolis (330) nach „Herrscherrepräsentation". Während der Feldzüge im östlichen Iran und in Indien hatte er allerdings „nur wenig Gelegenheit, sich und seine Herrschaft pompös in Szene zu setzen. Nach der Rückkehr aus Indien häuften sich nun die mit allem Prunk und in zeremoniellen Formen begangenen Auftritte des Königs." Dafür sei die Massenhochzeit von Susa ein besonders spektakuläres Beispiel.

## Alexander verändert sich – und das gefällt nicht jedem

Der makedonische König geht immer stärker in der persischen Kultur auf. Er kleidet sich jetzt nur noch nach der Landessitte und macht immer mehr Einheimische zu seinen Vertrauten. Die Zahl der persischen Soldaten in seiner Armee übersteigt nun deutlich die der Hellenen: „Von dem alten Heer, das Alexander von Anfang an begleitet hatte, waren noch 2 000 Reiter und 13 000 Fußsoldaten übrig geblieben, und von diesen bildeten Makedonen nur ein rundes Drittel ... Obgleich Alexander umgekehrt wiederum Truppen aus Makedonien herbeordert hatte, war der makedonische

Anteil am mobilen Reichsaufgebot damals auf etwa zehn Prozent zurückgegangen." (Gehrke, H.-J., 2013, S. 88) Die Veteranen schäumen: Perser dürfen nun auch Offiziersrang bekleiden! Hephaistion wird von Alexander zum Wesir ernannt, General Ptolemaios zum Vorkoster. Weder in Pella noch in Athen kennt man diese Titel. In der makedonischen Generalität greifen Missbilligung und Eifersucht um sich. Als Alexander dann noch vielen Altgedienten die Rückkehr in die Heimat erlaubt, ist das Maß voll. Einst wollten sie nach Hause, und Alexander ließ sie nicht. Jetzt schickt er sie heim, und sie fürchten, ins zweite Glied gerückt zu werden. Werden sie, die sie dem König über Jahre hinweg die Treue gehalten haben, nicht mehr gebraucht? Sollen sie durch die „Barbaren" ersetzt werden? Überall brechen Konflikte auf. Offiziere, die sich bei Alexander beklagen, bekommen kein Recht, sondern den Abschied. Unmut und Zorn machen sich Luft und wenden sich gegen den Mann, den sie einst als ihren Anführer vergöttlicht haben.

## Hephaistion geht Alexander voran

Im Herbst 324, Alexander befindet sich soeben mit einigen Gefährten in Ekbatana, stirbt sein Freund und Stellvertreter Hephaistion. Der König versinkt in abgrundtiefe Trauer. Er lässt den Arzt seines Freundes kreuzigen, die Haare von Pferden und Maultieren abrasieren und opfern, fastet tagelang und richtete dann eine monumentale Trauerfeier mit Verbrennung des Leichnams in Babylon aus. Das von Alexander für Hephaistion geplante Grabmal soll gigantische

400 mal 400 Meter messen und mehrere Etagen hoch sein. „Hier bestattete ein neuer Achilles seinen Patroklos“, kommentiert Hans-Joachim Gehrke. (2013, S. 94)

Anfang 323 hat sich Alexander wieder einigermaßen gefangen. Er bereitet neue Feldzüge gegen die Nomadenstämme auf der Arabischen Halbinsel vor. Möglicherweise will er auch gen Karthago ziehen, die aufstrebende Handelsmacht an der afrikanischen Küste. Sicher ist es nicht, aber der forcierte Flottenausbau im zurückliegenden Jahr deutet darauf hin. Sogar noch auf ehrgeizigere Pläne: „So hören wir von späten Absichten, ganz Afrika vom Roten Meer aus umschiffen zu lassen und von Westen durch die Säulen des Herakles Karthago, Sizilien und Italien zu unterwerfen ... Wäre es gelungen, hätte er tatsächlich als Herr der bekannten Welt dagestanden.“ (Demandt, A., 2009, S. 340)

## Alexanders letzte Tage

Kurz vor dem geplanten Aufbruch des Heeres im Mai erklärt Alexander seinen toten Freund Hephaistion zum Halbgott. Ob ihn eine Vorahnung nach einem Fürsprecher im Hades ergriffen hat? Am Tage nach der opulenten Feier zu Hephaistions Aufnahme im Götterhimmel erkrankt er an einem Fieber. Es kann die Malaria oder das West-Nil-Fieber sein, ebenso wenig auszuschließen ist eine Vergiftung durch Alkohol oder eine von einem Schurken beigebrachte Tinktur. Die Krankheit tritt in Schüben auf und verschlimmert sich von Tag zu Tag. Nach einer Woche ist der König kaum noch ansprechbar. Nur mit großer Mühe kann sich Alexander von den an sein Lager tretenden Getreuen verabschieden. Nach drei Tagen und Nächten im Koma stirbt Alexander, König von Makedonien, Pharao von Ägypten, König von Asien und Gründer des Hellenismus noch keine 33 Jahre jung am 10. Juni 323 in Babylon. Seine letzte Ruhestätte findet er viele Jahre später im ägyptischen Alexandria.

*Abbildung 25: Tod Alexanders des Großen (323)*

KAPITEL 5

# Mittler zwischen den Welten

## Warum Alexander mehr ist als ein großer Feldherr

Ausnahmslos alle Werke der griechisch-römischen Literatur sind voll der Hochachtung und Bewunderung für die historische Ausnahmegestalt des großen Makedoniers. Bereits als Kind habe er, so berichtet Plutarch in seiner Alexanderbiografie, eine persische Gesandtschaft durch seine gewinnende Art in Erstaunen versetzt. Seine Fragen seien mitnichten die eines Kindes gewesen. Alexander habe sich nach der Art der Verkehrswege ins Landesinnere erkundigt, nach der Länge der Straßen, nach der Tapferkeit des Großkönigs im Kriege und wie es um die Wehrkraft und die Heeresmacht der Perser stünde. „Den Gesandten schien die viel gerühmte Tatkraft Philipps von Makedonien zu verblassen gegenüber der Energie dieses Knaben und seinem Drang zu großen Taten." (Giebel, M., 2005) Schon damals muss in Alexander der Gedanke gekeimt haben, dass sich die Macht des Perserkönigs in orientalischem Prunk und dem Reichtum seiner Satrapien erschöpfe. Und dass er deshalb durchaus zu besiegen sei.

Als sein Vater 336 v. Chr. ermordet und Alexander mit nur 20 Jahren König wird, ist er bereits ein erfahrener Offizier der makedonischen Armee. Zwei Jahre später zieht er aus, das Persische Reich zu erobern. Alexander kommandiert seine Truppen mit viel Geschick und gewinnt ihre Anerkennung, indem er in allen Gefechten in vorderster Linie mitkämpft. Den Respekt kundiger Beobachter, übrigens auch den seines unterlegenen Gegners Dareios III., verdient er sich mit seinen militärischen Erfolgen.

Dieses Narrativ vom kriegerischen Genie prägt bis ins viktorianische Zeitalter die Geschichtsschreibung. Über Jahrhunderte hinweg verharrt die Erzählung von Alexander auf dem Niveau einer farbenprächtigen Heldensaga.

## Der Völkervereinigung verschrieben

Doch für den Historiker ist Alexander weit mehr als ein großer Feldherr. Mit seiner für einen Königssohn der damaligen Zeit erstaunlichen Aufgeschlossenheit für fremde Kulturen, seinem ungestillten Entdeckerdrang und seinen klugen politischen, wirtschaftlichen und kulturellen Maßnahmen zur Förderung der griechischen Zivilisation und ihrer Verschmelzung mit anderen Kulturen markiert dieser König einen Epochenwechsel in der Geschichte. Mit Alexander von Makedonien beginnt das Zeitalter des Hellenismus, in dem die griechische Sprache, Kunst, Wissenschaft und Lebensweise bis nach Afrika und Fernost gelangen. Daher sollen in diesem Kapitel die epochalen Erfolge Alexanders außerhalb des Militärischen gewürdigt werden, insbesondere seine Verdienste für die Völkerverständigung im ewigen Kampf zwischen Morgenland und Abendland.

Die Ehre, diese Lebensleistung mit sicherem Blick erkannt und beschrieben zu haben, gebührt dem deutschen

Historiker Johann Gustav Droysen. In seinem 1833 erschienenen und 1877 überarbeiteten Werk *Geschichte Alexanders des Großen* (Originaltitel) weitet Droysen erstmals das Blickfeld auf Alexanders vom klassischen griechischen Denken geprägte kosmopolitische Mission. Im Zentrum seiner Rezeption stehen denn auch die positiven wirtschaftlichen und kulturellen Folgen von Alexanders Politik einer „Völkervermischung". Während der Makedonier bis dahin vor allem wegen seiner Kriegskunst gelobt, ja verehrt worden war, sah Droysen Alexanders wahre Leistungen in den Städtegründungen, im auf die forcierte Münzprägung in fast allen eroberten Gebieten zurückgehenden einheitlichen Währungsraum, in der Förderung der baulichen und kulturellen Infrastruktur sowie in den von ihm geförderten Errungenschaften in Wissenschaft und Technik. Für Droysen war Alexander der große Völkerverschmelzer, der Entwicklungen angestoßen hat, ohne die das Christentum nicht möglich gewesen wäre.

Viele Historiker teilen Droysens Sichtweise. Ihr Hauptvertreter im englischen Sprachraum ist William W. Tarn, dessen 1948 erschienene Alexander-Biografie den Eroberer als Idealisten beschreibt, der eine zivilisatorische Mission erfüllen wollte. Diese Einschätzung, deren Grundidee bereits bei Plutarch zu finden ist, wird nicht mehr von allen Vertretern des Faches geteilt. In vorderster Reihe derjenigen, die Alexander primär als Militaristen verstanden wissen wollen, stehen Ernst Badian, Fritz Schachermeyr, Albert B. Bosworth und Ian Worthington. Seit einigen Jahren freilich schwingt sich das Pendel erneut auf die Seite derjenigen, die in Alexander einen Mann sehen, der zeit seines Lebens von einer inneren Mission angetrieben wurde, nämlich: die griechische Zivilisation bis ans Ende der Welt zu bringen und die im ständigen Kampf liegenden Völker miteinander zu vereinen. Das Epochale: Alexander tat dies nicht nur mit Worten, sondern durch Taten.

## Alexander als Städtegründer

Dem jungen makedonischen König werden eine Sehnsucht nach der Fremde und ein unstillbarer Wissensdurst nachgesagt. Raum dafür ist genug, denn im 4. vorchristlichen Jahrhundert ist die Landkarte des Mittelmeerraumes und des persischen Großreichs übersät mit weißen Flecken. Höchst selten hat ein Grieche oder ein Makedonier seinen Fuß in diese Landstriche gesetzt und darüber berichtet. Dank seines Unterrichts bei Aristoteles waren Alexander zwar die Völker und Stämme des persischen Großreiches namentlich bekannt. Doch wie es in Hyrkanien, Sogdien und Baktrien wirklich aussieht, wie die Menschen leben und lieben, wie und wovon sie sich ernähren und kleiden, wie sie ihr Land nutzbar machen und wie sie sich verteidigen, davon konnte sich der aufgeweckte Schüler bis zu seinem Zug gen Osten kein Bild machen. Die politischen und wirtschaftlichen Erfolge seines Vaters Philipp II. sowie dessen früher Tod schufen für den 20-Jährigen nun die Voraussetzungen, die fremde Welt mit eigenen Augen zu sehen.

Wo er bei seinem Zug nach Süden und Osten auch hinkam, gründete Alexander neue Siedlungen. Plutarch zufolge ließ Alexander mehr als 70 Städte nach griechischem Vorbild planen und bauen (Sheppard, R., 2009, S. 236); die wichtigsten tragen den Namen Alexandria und sind in diesem Buch erwähnt. Viele Historiker sehen in Alexanders Städtegründungen und in seiner Ansiedlungspolitik die wirkmächtigsten Methoden, um die griechische Lebensart über die Grenzen seines Herrschaftsgebietes hinaus auszudehnen.

*Abbildung 26: Alexander der Große gründet über 70 hellenistische Städte. Hellenische Stadt Priene*

Die neuen Städte lagen durchwegs vorteilhaft für Verkehr und Handel und waren „Zentren des wirtschaftlichen, politischen und kulturellen Lebens“ (Demandt, A., 2009, S. 391). Alexander war sehr an ihrer Entwicklung interessiert. In der Regel setzte er einen einheimischen Verwalter an die Spitze der Neugründungen und umgab diesen mit Fachleuten aus dem Kreis der mitziehenden Makedonier und Griechen. Schreiber, Verwalter, Baumeister, Pflanzenkundige, Ärzte,

Lehrer, Philosophen und Künstler blieben auch nach Alexanders Weiterzug in den neuen Städten. Die griechische Sprache sprechend und verbreitend, bauten sie Marktplätze und Gymnasien für die Körper- und Geisteskultur, Tempel, Theater und Palastanlagen, sicherten den Steuerfluss nach Babylon, trieben den Handel voran und hielten die Verbindung zu anderen Städten im Alexanderreich. Aus ihren Berichten erfuhr der König zeitnah, wenn die Geschäfte schlecht liefen, sich die Stimmung in der Bevölkerung gegen ihn zu wenden drohte oder die eingesetzten Landpfleger ihren Aufgaben nicht nachkamen.

### Alexanders Meisterwerk: die erste Weltstadt

Seit der Ankunft Alexanders in Ägypten im Spätsommer des Jahres 332 wurde auch in der Oberschicht am Nil Griechisch gesprochen. Mehr noch: Die von ihm gegründete Stadt Alexandria wurde zur kulturellen und entdeckungsgeschichtlichen Welthauptstadt des Hellenismus.

Im Vorfrühling des Jahres 331 stand der Makedonier an der Küste des Mittelmeers. Beim Anblick der Pharosinsel, auf der 50 Jahre später Ptolemaios II. mit dem berühmten Leuchtturm eines der sieben Weltwunder errichten sollte, erkannte Alexander einen Platz, der zur Anlage eines griechisch-ägyptischen Freihafens taugte wie kein anderer. Also gründete er dort eine Stadt namens Alexandria, die Tyros nachfolgend das Tor des Orients zum Mittelmeer und damit zur griechischen Welt bilden sollte (Demandt, A., 2009, S. 166).

*Abbildung 27: Leuchtturm von Alexandria*

Der König erwies sich als begabter Planer. Ein Damm zwischen der Küste und Insel ließ gleich zwei geschützte Häfen entstehen, und auch die Gestalt der neuen Stadt trug seine Handschrift. „Des Königs genialer Blick ist es gewesen, der den richtigen Platz erkannte", schreibt der Althistoriker Theodor Birt. „Den Stadtplan hat er selbst entworfen, den Verlauf der zukünftigen Umfassungsmauer ringsum persönlich abgeschritten (wobei er Gerstenmehl streute, um durch weiße Farbe die Linie kenntlich zu machen), endlich die Hauptstraßenzüge und den Zentralplatz mit den anliegenden Gotteshäusern selbst angegeben. Großstädtische, 100 Fuß breite Straßen sollten sich rechtwinklig schneiden; einer der Tempel wurde der Isis bestimmt, und so fand die ägyptische Isisreligion mit ihrer Erlösungslehre jetzt auch Eingang bei den Griechen." (Birt, T., 1924, S. 154)

Von Alexander bis ins Detail entworfen, entstand Alexandria nach den Plänen des griechischen Architekten

Deinokrates. Der hatte schon 334 für Alexander den gewaltigen Artemis-Tempel in Ephesos, vier Mal so groß wie der Parthenon in Athen und ebenfalls eines der sieben Weltwunder, wieder aufgebaut (s. Seite 62). Fertiggestellt wurde die Stadt von den Ptolemäern. Doch schon zu Alexanders Lebzeiten wurde die griechische Polis an der ägyptischen Küste zu einem Knotenpunkt des internationalen Verkehrs und festen Anlegeplatz der Segelschiffe auf ihrem Weg an die Küsten Nordafrikas, Indiens und Ceylons.

Alexandria zog längst nicht nur Geschäftsleute an. Berühmte Bauwerke wie der Leuchtturm von Pharos, das Museion mit der gewaltigen Bibliothek sowie zahlreiche Theater, Palastbauten und Tempel machten die Stadt im ganzen antiken Mittelmeerraum bekannt. Von nah und fern strömten Mediziner, Mathematiker, Naturwissenschaftler und Philosophen an die Stätten der Gelehrsamkeit und führten ihre wissenschaftlichen Disputationen. Dank der Weltoffenheit der griechischen Ansiedler wurde Alexandria für die nächsten 700 Jahre zum wirtschaftlichen, geistigen, kulturellen und politischen Zentrum des östlichen Mittelmeerraumes. Bis in die Zeit des römischen Kaisers Augustus blieb Alexandria der größte Handelsplatz und die erste Weltstadt im Okzident.

## Ein Zeitalter der Entdeckungen

Die Blüte der von Alexander gegründeten Städte nährten Naturwissenschaft und Technik und ließen die Erfindungen nur so sprießen. Im unterägyptischen Heliopolis betrieb der griechische Mathematiker Eudoxos von Knidos eine Sternwarte. „Nachdem Aristoteles die Kugelgestalt der Erde beschrieben und in ein Gradnetz eingeteilt hatte, entwickelte Aristarch (gest. 230) das heliozentrische Weltbild. Er erkannte die Drehung der Erde und führte 238 v. Chr. das Sonnenjahr ein. Eratosthenes (gest. 202) berechnete den Umfang der Erdkugel, die er in 360 Meridian-Grade zu 700 Stadien einteilte." (Demandt, A., 2009, S. 395) Zu den technischen Erkenntnissen dieser Zeit gehörten die Nutzbarmachung des Dampfdruckes, die Wirkungsweise von Hebelkränen, Wasseruhren, Gewölbebauten, Zahnradwinden, Flaschenzügen, Katapulten sowie der Spiegeloptik. (Demandt, A., 2009, S. 396) Kurz: Der Hellenismus war eine höchst fruchtbare Epoche der Entdeckungen.

*Abbildung 28: Hipparchos auf der Sternwarte von Nizäa*

## Griechen geben Impulse für die lokale Wirtschaft

Mit Alexanders Stadtgründungen ging in den zuvor fast ausschließlich ländlichen Regionen trotz der intensiven

Förderung der Landwirtschaft – Alexander führte moderne Anbaumethoden sowie bessere Frucht- und Tierarten ein – eine sprunghafte Ausbreitung der urbanen Zivilisation einher. Privates Unternehmertum wurde nur eingeschränkt von Monopolbestimmungen für Grundnahrungsmittel (Öl, Salz, Fische, Bier, Honig, Datteln) sowie für Papyrus, Textilien, Glas und Luxusartikel. „Der Außenhandelsüberschuss war beträchtlich: Die Handelsrouten wurden erweitert, besonders der Osthandel." (Demandt, A., 2009, S. 394) Die Folge dessen war die Etablierung eines euro-asiatischen Welthandels. Die vom König initiierten Münzprägungen ordneten die Volkswirtschaften, erleichterten den Handel und begünstigten schnelles Wirtschaftswachstum. Und nicht zuletzt: Dank Alexanders Bestrebungen, seine und damit Hellas' Fußabdrücke in fremder Erde zu hinterlassen, konnte die griechische Kultur des Goldenen Zeitalters mit der tiefgründigen Weisheit des Sokrates, den wirklichkeitsgetreuen Skulpturen, der wegweisenden Architektur und der vielfältigen Literatur bis in die Gegenwart hinein erhalten bleiben.

### Einheitliche Münzen für den ersten gemeinsamen Währungsraum

Alexander von Makedonien ist sowohl für die Münzgeschichte wie für die historische Finanzwissenschaft von großer Bedeutung. Als er nach dem Tod seines Vaters die Regierung übernahm, stellte er die Münzprägung in Makedonien auf den attischen Münzfuß um. Das waren damals die Tetradrachmen von Athen, eine international gebräuchliche

Silbermünze im Wert von vier Drachmen. In gewaltigen Mengen ließ der junge König diese Tetradrachmen prägen. Sie waren zur Zeit Alexanders die wichtigsten Münzen im internationalen Handelsverkehr. Mit diesen Alexandermünzen schuf er eine „Weltwährung“ in einem gemeinsamen Währungsraum und setzte damit eine binnen- wie außenwirtschaftliche Konjunktur in Gang mit enormen Auswirkungen für das Abend- wie für das Morgenland. Denn damit wurde die Naturalwirtschaft zurückgedrängt und die Geldwirtschaft eingeführt.

Alexander brauchte sehr viel Geld, nicht zuletzt, um die Soldaten auf seinem Zug bezahlen zu können. In jedem von ihnen eingenommenen Ort ließ er die dort gelagerten Gold- und Silbervorräte einschmelzen, zu neuen Münzen prägen und diese in Umlauf bringen.

Und Edelmetall fand er regelmäßig in reichen Mengen vor. Die persischen Könige hatten die von ihnen unterworfenen Völker angewiesen, die Überschüsse ihrer Provinzen in die königlichen Schatzhäuser zu bringen. Ausgegeben wurde nur wenig. Die Provinzen finanzierten ihre Infrastruktur und ihre Verteidigung aus laufenden Mitteln und bewahrten den Überschuss auf. Nun half das persische Gold Alexander, weitere Eroberungen zu machen. Mit Goldstateren und silbernen Tetradrachmen bezahlte der König sein Heer. Denn der Feldzug war teuer. Historiker haben ausgerechnet, dass die Armee Alexander pro Tag 20 Talente oder 30 000 Tetradrachmen kostete (Kampmann, U., 2009).

Obwohl in Hunderten von Münzstätten Europas und Asiens geschlagen, waren Alexanders Münzen trotz stilistischer Varianten von einer bis dahin unbekannten Einheitlichkeit. Anfangs trugen alle Silbermünzen auf der Vorderseite das Haupt des Herakles, des mythischen Stammvaters der Argeaden; ab der Zeit in Ägypten bis ins 3. nachchristliche Jahrhundert ist dort Alexander selbst zu sehen. Die Goldmünzen zeigten auf der Vorderseite den Kopf der Athene und auf der Rückseite die Siegesgöttin Nike.

*Abbildung 29: Tetradrachmen mit Varianten des Bildes von Alexander dem Großen. Vorder- und Rückseiten der Münzen.*

Alle Söldner kannten Alexanders Münzen und schätzten sie hoch ein. Bei ihrer Rückkehr in die Heimat nahmen sie die Tetradrachmen mit nach Hause, gaben sie dort aus und sorgten für ihren Umlauf. In kurzer Zeit verbreiteten sich die neuen Geldstücke in der eurasischen und nordafrikanischen Welt. Ihr hoher Bekanntheitsgrad machte sie zu einer beliebten Währung im Fernhandel. Bald gaben Städte und später auch zahlreiche keltische Stämme eigene Münzen aus, die nach dem Vorbild der Alexandermünzen produziert waren. Überdies gingen Tetradrachmen und Goldstateren als Geschenke Alexanders und als Opfergaben für die Götter in die Welt. In jeder Stadt im östlichen Mittelmeerraum bis hin nach Indien kursierten diese Münzen. Bis sie von den römischen Denaren verdrängt wurden, und das dauerte dreieinhalb Jahrhunderte, waren sie die wichtigste Währung der westöstlichen Welt.

## Der Fernhandel führte zu Wohlstand, einem regen Geistesleben und Kultur

Dass der attische Münzfuß nunmehr in der gesamten hellenistischen Welt galt, erleichterte den Fernhandel und ermöglichte neue kommerzielle Verbindungen. Die von Alexander eroberten Gebiete boten den Griechen willkommene Möglichkeiten zur Auswanderung und zur Ausweitung der Geschäfte mit dem Orient. Mit der Intensivierung des Handels und den wachsenden Exporten stieg der Wohlstand, und das wirkte sich wiederum positiv auf die geistige Welt aus. Makedonier und Griechen verwehrten ihren Untertanen in den Satrapien keineswegs die Verehrung ihrer einheimischen Götter. Man neigte eher dazu, in den fremden Religionen Asiens und Ägyptens die eigenen Kulte und Gottheiten wiederzuerkennen. In der Gottheit Sarapis verschmolzen die ägyptischen Götter Osiris und Apis mit dem griechischen Göttervater Zeus.

## Der Hellenismus

Mit der Einigung Griechenlands durch Alexanders Vater Philipp II. bahnt sich der Hellenismus an. Geprägt wurde dieser Begriff vom bereits genannten Historiker Johann Gustav Droysen um die Mitte des 19. Jahrhunderts. Er verstand unter Hellenismus die Zeit vom Tod Alexanders des Großen im Jahr 323 bis zur Schlacht bei Actium (31 v. Chr.) und dem Ende des letzten makedonisch-griechischen Reiches in Ägypten. Das Wort selbst ist abgeleitet von „Hellenen", der Eigenbezeichnung der Griechen.

*Abbildung 30: hellenistische Skulptur „Der sterbende Gallier"*

Als ein wichtiges Kennzeichen dieser Geschichtsepoche gilt die Durchdringung des Orients durch die griechische Kultur und umgekehrt der wachsende Einfluss orientalischer Kultur auf die Griechen. Die hellenistische Welt entspricht bis auf die Ausdehnung nach Westen dem Zug Alexanders des Großen, ihre Ausbreitung und Festigung wird deshalb auf Alexander von Makedonien zurückgeführt. Sie reicht von Sizilien und Unteritalien über Griechenland bis nach Afghanistan und Indien und vom Schwarzen Meer bis nach Ägypten. Die Hellenisierung der orientalischen Bevölkerung sorgte dafür, dass noch bis ins 7. Jahrhundert in Syrien und Kleinasien neben dem Aramäischen eine Form der griechischen Sprache verwendet wurde (Koiné).

*Abbildung 31: hellenistische Skulptur „Der schlafende Hermaphrodit"*

## Kunst im Hellenismus

Der von Alexander geschaffene, ausgreifende riesige Territorialstaat überbrückte die lange gültigen kulturellen Grenzen. Ein solcher Wandel führte zu neuen visuellen Ausdrucksformen, die von einem starken Streben nach

Realismus und Natur zeugen. Sichtbar wurde das zuerst in den Abbildungen des bei Thronübernahme erst 20-jährigen Königs. Wurden die Herrscher in der Malerei und Bildhauerkunst bis dahin als reife, gesetzte Männer in Würde und Wohlstand ausstrahlender Kleidung dargestellt, so bereicherte mit dem Abbild Alexanders nun ein junger, bartloser, muskulöser und dynamisch wirkender Mann die künstlerische Bühne. „Man sah ihn in Bildwerken wie in der Realität in der Soldatentracht, stelle ihn aber auch nackt in Anlehnung an Bilder von Göttern und Heroen dar. (...) Auftreten, Alter und Darstellungen des Makedonenkönigs beeinflussten sich in diesem Bildkonzept gegenseitig: ein enges, geradezu modernes Zusammenspiel von Realität, Stilisierung und visueller Wirkung im Sinne eines neuen Herrscher-Images." (Von den Hoff, R., 2009, S. 47)

Wichtige Merkmale der auf Alexander folgenden hellenistischen Kunst sind expressionistische Stilelemente und pathetische, wenngleich naturalistisch ausgearbeitete Motive. Es gab kein zentrales Kunstzentrum; vielmehr wurden die neuen Themen auch in der Bildkunst an den regionalen Herrscherhöfen aufgebracht. Dabei musste sich die griechische Kultur mit den sehr heterogenen Traditionen der orientalischen Kultur auseinandersetzen. Infolgedessen verlor die bildende Kunst die Einheitlichkeit, welche für die Kunst der archaischen und klassischen Poleis typisch gewesen war. Einzelne Kultur schaffende Zentren entwickelten nebeneinander ihre eigenen Bildthemen, Bildtraditionen und Stilrichtungen. Aufgrund dieser Divergenz ist die chronologische Entwicklung der hellenistischen Kunst schwer zu fassen. Überdies verwehrt dies auch die gesamthafte Einordnung der hellenistischen Kunst.

Während aus Alexandria, Antiochia und Makedonien nur sehr wenige Kunstwerke aus hellenistischer Zeit erhalten sind, ließen die Grabungen des letzten Jahrhunderts in der antiken Stadt Pergamon zahlreiche Werke aus dieser Epoche ans Tageslicht kommen. Daneben spielen Rhodos, das als Handelsmacht zu großer Blüte gelangte, und Delos, das seit 166 v. Chr. als Freihafen zum merkantilen Zentrum der Ägäis wurde, eine wichtige Rolle in der Kunst.

Die Bedeutung des Alexanderzuges für die Verbreitung des Hellenismus kann historisch nicht hoch genug eingeschätzt werden. Dabei zählen neben den militärischen Siegen Alexanders vor allem die Folgen, die sich durch die komplette Neuordnung der damaligen Welt für die Menschen und Völker ergeben haben.

## Alexanders Rolle bei der Entstehung des Hellenismus

Alexanders Eroberungen führten zu einer neuen kosmopolitischen und multikulturellen Gesellschaft im Mittelmeerraum und im Nahen und Mittleren Osten. Dabei verschmolzen die Kulturen des Orients und des Okzidents. Genau davon hatte Alexander seit Jugendtagen geträumt. Indische Philosophie traf auf griechische Philosophie, die Geisteswelten Ägyptens und des Zweistromlandes mischten sich mit dem Gedankengut Alteuropas. Klassische Dichter, Denker, Philosophen und Autoren ließen sich von Motiven der altorientalischen Kulturen beeinflussen. Neue Inspirationen beflügelten Philosophie, Wissenschaft und Technik. Die hellenistische Symbiose der altorientalischen Kultur mit der alteuropäischen wurde zum Fundament der abendländischen Zivilisation.

Alexander war von der Mission der Verschmelzung griechischer und orientalischer Völker fasziniert. Gewiss nicht alle und gleich zu Beginn, wie am Widerstand seiner Soldaten gegen die Einführung der Proskynese abzulesen ist. Dagegen steht die gelungene Massenhochzeit von Susa. Überdies war nicht das gesamte Volk eines eroberten Gebietes in gleichem Maße von der Hellenisierung betroffen. Die griechische Sprache berührte das niedrige Volk nur wenig, ebenso wenig deren Kultur und Religion, waren die Bauern und Arbeiter doch in ihren traditionellen Werten und Riten gefestigt und ohne Bezug zu griechischen und makedonischen Eroberern. Da das Griechische jedoch – am stärksten durch den Einfluss der neu gegründeten Städte – zur Amtssprache wurde, verbreitete sich Alexanders Sprache in der Ober- und Mittelschicht über sein gesamtes Reich. Sie wurde zur Lingua franca der Dichter und Denker.

## Griechische Gemeinden siedelten nach Persien über

Auch in Persien hinterließ Alexander seine Spuren. Er ordnete die hoch organisierte Ansiedlung griechischer

*Abbildung 32: Alexander der Große: hellenistische Porträtbüste*

Gemeinden an und schuf damit starke Keimzellen mit griechischem Kulturgut. Bald verbreiterte sich der Auswandererstrom, der hellenisierte Makedonier und Griechen aus dem griechischen Mutterland in die neuen Regionen Asiens und Ägyptens brachte. Die Emigranten setzten sich aus allen gesellschaftlichen Schichten zusammen, so waren darunter Soldaten, Beamte, Techniker, Künstler und Geschäftsleute. Ebenso vielfältig war ihre Stellung in den eroberten Gebieten.

Manche verstärkten die Elite, andere traten ins Heer ein, wieder andere suchten über Handwerk oder Handel ihr Glück zu machen. Wesentlich ist, dass die Emigranten die griechische Kultur in die Länder trugen und die einheimische Bevölkerung damit konfrontierten. Dadurch entstand allmählich die von Alexander ersehnte hellenistische Kultur der Völkervermischung.

Wenn wir im Geiste den Alexanderzug Revue passieren lassen, treten die Züge noch deutlicher hervor, die von Anfang an auf den Willen zur friedlichen Integration der eroberten Gebiete hindeuten. Bereits in Kleinasien erwies sich Alexander als großzügig: Er beließ den Städten eine weitgehende Autonomie und setzte Einheimische in die Führungsstellen ein oder bestätigte sie in ihren Ämtern. So souverän ging er während des gesamten Zuges vor. Als ihm der Satrap von Sardes die lydische Stadt kampflos übergab, nahm er ihn vorbehaltlos in den Kreis seiner Gefährten auf. Später entsandte er ihn als Statthalter nach Armenien. Ebenso verhielt sich Alexander gegenüber anderen besiegten Befehlshabern. „Daher ging ihm der Ruf eines Siegers voraus, der den geschlagenen Feind nicht sein Gesicht verlieren ließ – was für Orientalen von kaum zu überschätzender Bedeutung war.“ (Giebel, M., 2005, S. 2)

Die Eroberungszüge Alexanders schufen die Grundlagen für den Zusammenhalt in der hellenistischen Welt. Allein durch die Makedonier wurden Stammesgebiete und Satrapien zu einem, zu seinem Reich zusammengefügt. Wenn der Versuch unternommen wird, die Lebensleistung von Alexander dem Großen in einem Satz zu beschreiben, dann lautete dieser: Er war der erste König der Welt, der nicht primär die Grenzen seines Herrschaftsgebietes erweitern wollte, sondern in territorialen Zusammenhängen dachte und agierte.

Deutlich sichtbar wurde das nach Alexanders Tod. Welche Tragik: Es fand sich kein ähnlich charismatischer und machtvoller Führer, der in der Lage gewesen wäre, die Einheit zu erhalten.

KAPITEL 6

# Was wir von Alexander lernen können

## Führungsstärke, Dynamik und eine Vision machen auch größte Ziele erreichbar

In den vorangegangenen Kapiteln habe ich den eindrucksvollen Aufstieg Alexanders von einem makedonischen Prinzen zum unbestrittenen Herrscher über weite Teile der in der Antike bekannten Welt geschildert. In großen Feldschlachten sowie bei der Belagerung zahlreicher Städte und Festungen hat er sein militärisches Genie nachhaltig unter Beweis gestellt. Viele seiner Erfolge sind untrennbar mit seiner Persönlichkeit verbunden – die Führungsstärke, die Flexibilität im Denken und Handeln und das beharrliche Verfolgen einer Vision über viele Jahre hinweg.

Das allein ließ Alexander aber noch nicht zu einem solchen Ausnahmetalent werden. Dazu machte ihn erst eine Gabe, die just in unserer wechselvollen und daher so schwierigen Zeit von herausragender Qualität ist: Ich spreche von Alexanders immer wieder unter Beweis gestellter Fähigkeit, nicht nur auf der Basis des einmal Gelernten und Erfahrenen zu entscheiden und zu handeln, sondern kontinuierlich, gleichsam genetisch wachsend und dynamisch neu einfließende Fakten, Informationen und Eindrücke aufzunehmen, auf ihre Relevanz zu prüfen und dann gegebenenfalls bei der Entscheidungsfindung zu berücksichtigen. Diese Gabe steht für die Meisterschaft in der Führung von Menschen. Ihr Wert zeigte sich zu Zeiten Alexanders des Großen in seiner Rolle als König und Kriegsherr, und er zeigt sich heute wieder bei der Wahrnehmung der Verantwortung von Unternehmern und Führungskräften für ihr Unternehmen, für ihre Mitarbeiter, für Staat und Gesellschaft.

Während meiner Tätigkeit als Gründer und Leiter der Graduate School of Business Administration (GSBA) in Zürich habe ich großen Wert darauf gelegt, den Studierenden – angehende Topmanager und -managerinnen in Unternehmen auf der ganzen Welt – diese ganzheitliche Entscheidungs- und Handlungsweise durch Verstehen und intensives Einüben nahezubringen. (Vgl. Stähli, A., 1992, S. 9 ff.) Mehr noch: Auf diesem Ansatz beruhte die gesamte Managementweiterbildung an der GSBA. So konnte es zum Beispiel gelingen, die Studierenden schon lange vor dem allgemeinen Erschrecken für die sich abzeichnende Klimakrise und die Bevölkerungsentwicklung auf der Welt zu sensibilisieren und bei all ihren Maßnahmen mit zu berücksichtigen.

Doch zurück zum König von Makedonien, dem Helden dieses Buches. Als Folge seines ungewöhnlichen Talents war Alexander auch in wirtschaftlichen und administrativen Dingen ein wahrhaftig Großer. Man kann viel von ihm lernen. Das wollen wir uns auf den folgenden Seiten näher anschauen.

Die sofort ins Auge fallenden Merkmale Alexanders sind sein persönlicher Mut und seine Führungsstärke. Immer wieder stürmt er – mit seinem markanten Helmschmuck weithin für Freund und Feind erkennbar – an der Spitze seiner Reiterschaft voran. Wo Alexander kämpft, entscheidet er den Ausgang wichtiger Schlachten zu seinen Gunsten. Mehr als einmal begibt er sich dabei in Lebensgefahr – man denke an die Schlacht am Granikos gleich zu Beginn des Persienfeldzugs. Es ist leicht vorstellbar, wie ungeheuer inspirierend der Anblick des sich ungeachtet der Gefahren in den Kampf werfenden Königs auf seine Offiziere und Soldaten gewirkt haben muss. Und wie Furcht einflößend wirkte dies erst auf seine Feinde! Der Schrecken in den Augen des flüchtenden Dareios, wie er auf dem berühmten Alexandermosaik bis zum heutigen Tag zu erkennen ist, belegt das eindrucksvoll.

Zum Glück zieht heute kein Wirtschaftsführer mit Schwert, Schild und Lanze bewaffnet in den Kampf. Aber hinter dem kometenhaften Aufstieg von Kapitalgesellschaften wie Borsig, Krupp oder der Standard Oil Company im 19. Jahrhundert beziehungsweise Amazon, Apple und Microsoft in der Gegenwart standen und stehen stets herausragende Unternehmerpersönlichkeiten wie August Borsig, Alfred Krupp, John D. Rockefeller, Jeff Bezos, Steve Jobs oder Bill Gates. Sie zeichnen sich dadurch aus, dass sie mutige Entscheidungen treffen und bereit sind, sehr viel Geld in Industrien und Entwicklungen zu investieren, mit denen sie vor anderen Unternehmern neue Märkte schaffen und besetzen. Dieser Fähigkeit verdanken sie einen Vorsprung im Wettbewerb und diesem wiederum eine teils unerhörte Marktmacht.

Selbst wenn man Letzteres nicht gut findet, kommt man nicht umhin, vor solchen Männern den Hut zu ziehen.

Kein Zweifel: Große Persönlichkeiten zeichnen sich durch Mut und Weitsicht aus. Ihr Erfolg zieht wiederum die besten Köpfe an, die hoch motiviert mithelfen, weiteres Wachstum und Innovationskraft zu generieren. Denn Anführer wie Alexander stacheln ihre Gefolgsleute zu Höchstleistungen an und vervielfachen damit ihre Wirkung und ihren Erfolg. Dem Makedonierkönig gelingt damit das Kunststück, Schlachten selbst dann zu gewinnen, wenn er dem gegnerischen Heer nach Anzahl der Krieger und der Waffen unterlegen ist. In solchen Kämpfen wird die Macht des Vorbilds ganz besonders deutlich.

Auch Alexanders dritte auffällige Eigenschaft trägt wesentlich zu seinem Lebenswerk bei. Das ist seine bewundernswerte Flexibilität im Denken und Handeln. Trotz Rückschlägen und in verzweifelten Situationen gebiert eine solche Haltung Chancen, die dann zu Möglichkeiten reifen, wenn man sie nur beherzt nutzt. Dank seiner intuitiven Entscheidungen kommt Alexander immer wieder seinen Gegnern zuvor. Das zeigt sich bereits auf seinen ersten Feldzügen auf dem Balkan sowie bei der raschen Niederschlagung des thebanischen Aufstands zu Beginn seiner Herrschaft.

Dass Alexander der Große bis heute nicht nur die Historiker, sondern jeden Geschichtsinteressierten in seinen Bann schlägt, liegt vor allem daran, dass er zu Lebzeiten etwas vollbracht hat, woran die meisten Heer- und Menschenführer nach ihm scheiterten. Alexander verwirklicht seine wagemutige Vision eines europäisch-asiatischen Großreichs. Es ist eine fesselnde Vorstellung, was wohl geschehen wäre, wäre dieses Genie nicht viel zu früh in Babylon gestorben. Damit müssen wir uns begnügen. Denn wir werden es nie erfahren.

Aus dem faszinierenden Aufstieg Alexanders abgeleitet sind dies meine Thesen, die ich auf den folgenden Seiten mit Beispielen aus der gegenwärtigen Welt untermauern werde:

These 1: Alexanders Mut und seine Bereitschaft, sich selbst in Gefahr zu begeben, reißen die Anführer und Soldaten seiner Armee mit. Das ist Leadership im besten Sinne.

These 2: Handle nicht nach einem einmal gefassten Plan, sondern habe das Ziel vor Augen, und reagiere flexibel und genetisch wachsend auf unvorhergesehene Umweltveränderungen und Ereignisse. Und dann nutze die sich daraus ergebenden Chancen!

These 3: Folge deiner Vision. Doch bedenke die langfristigen Folgen deines Handelns, wenn du sie zu verwirklichen trachtest.

## These I

**Alexanders Mut und seine Bereitschaft, sich selbst in Gefahr zu begeben, reißen die Anführer und Soldaten seiner Armee mit. Das ist Leadership im besten Sinne.**

Alexanders Erfolg wurzelt in seinem Führungsstil. Das zeigt sich besonders im Vergleich mit seinem größten Rivalen, dem Perserkönig Dareios III. Während jener die entscheidende Schlacht bei Gaugamela fern vom Kampfgeschehen – umringt von seiner Leibwache – von seinem Streitwagen aus lenkte, führte Alexander seine Reiterei auf dem rechten Flügel höchstpersönlich an. Sein Mut und seine Entschlossenheit waren seinen Männern ein Vorbild, damit schlug er den zahlenmäßig weit überlegenen Gegner in die Flucht. Auf dem berühmten Mosaik von Pompeji ist diese Szene dargestellt. Ihre Botschaft kann selbst den friedfertigsten Führungskräften als leuchtendes Beispiel dienen.

Denn unternehmerischer Erfolg beruht gleichfalls auf starken Führungspersönlichkeiten. Sie verwandeln durch ihre Entschlossenheit und Begeisterung Mitarbeiter in Gefährten, die die geschäftlichen Ziele zu ihren eigenen Wünschen machen. Echte Unternehmer sind deshalb nah am Mann, heute heißt das: nah an ihren Head-of-Steuerungsteams. Vorausgesetzt, sie werden wahrheitsmäßig informiert, haben sie stets ein aktuelles Bild von der Lage und können somit in kurzer Zeit die richtigen Entscheidungen treffen.

Die vorgelebte Leadership macht bis heute den Unterschied aus zwischen echten Unternehmensführern, die ihre Mitarbeiter kennen und schätzen, und den vorgeblichen, die sich in ihrem Büro verschanzen und hinter ihren Managern verstecken, wenn die Situation schwierig ist. Man erkennt Erstere unter anderem daran, dass sie meist in einem Atemzug mit ihrem Unternehmen genannt oder zumindest immer mitgedacht werden, weil beide – Chef und Unternehmen – untrennbar miteinander verbunden sind.

Bei Dell Technologies war das der pfiffige Unternehmensgründer, President und CEO Michael Dell, bei Tesla ist es Elon Musk und bei Amazon Jeff Bezos. Michael Dell gründet 1984 – soeben hatte IBM den Personal Computer in zwei unveränderlichen Varianten erfunden – als junger Student an der University of Texas mit 1 000 Dollar Startkapital das Unternehmen PC's Limited. „Den Durchbruch schaffte er mit der Idee modularer Rechner, die sich die Kunden nach eigenen Wünschen zusammensetzen lassen können", zitiert das *Manager Magazin* (2013) Ben Berkowitz vom Nachrichtendienst Reuters.

Das allein war es aber nicht. Michael Dell war ein Perfektionist. Er trieb seine Mitarbeiter zu ständiger Verbesserung an. „Was in einem Quartal für uns genügend ist, ist es im nächsten nicht mehr", beschrieb einer seiner Produktionsleiter dem Magazin *Bilanz* (2004) die Persönlichkeit des Firmengründers. Auf die Frage, wo für ihn die Grenzen des Wachstums liegen, antwortete Michael Dell: „Es ist nicht der Markt. Es sind nur die Leute. Sie müssen mitwachsen im gleichen Tempo.“ Vier Jahre später und bei jährlichen Wachstumsraten von 80 Prozent wagte der Unternehmer den Sprung an die Börse. Das in Dell Computer Corporation umbenannte Unternehmen nutzte das neu gewonnene Kapital, um sein Produktangebot zu erweitern und seine globale Präsenz auszubauen. 1996 startete Dell den Onlinevertrieb und setzte damit Maßstäbe im E-Commerce.

Im Sport sind es wiederum herausragende Trainerpersönlichkeiten, die aus einem Haufen junger, unbekannter Talente eine Mannschaft formen. Mit ihnen gewinnen sie Turniere und Meistertitel selbst gegen mit Stars gespickten Ensembles, die als haushohe Favoriten gelten. Ein Beispiel dafür ist das „Miracle on Ice“ der von Herb Brooks geführten und aus College-Studenten rekrutierten US-Eishockeynationalmannschaft. Sie gewann bei den Olympischen Winterspielen 1980 in Lake Placid in der Finalrunde gegen die als unbesiegbar geltende Sbornaja der Sowjetunion. Brooks' Erfolgsrezept für den Aufbau einer Gewinnermannschaft beschreibt er auf der Webseite der von ihm gegründeten Herb Brooks Foundation mit diesen Worten: „My recruiting key – I looked for people first, athletes second. I wanted people with a sound value system as you cannot buy values. You're only as good as your values. I learned early on that you do not put greatness into people … but somehow try to pull it out.“ (www.herbbrooksfoundation.com/herbbrooksquotes)

Ein anderes Beispiel sind die beiden DFB-Fußballmeistertitel von Borussia Dortmund in den Jahren 2011 und

2012 unter Trainer Jürgen Klopp. Beide Male hatte der sonst in der Bundesliga dominierende FC Bayern München das Nachsehen. 2012 musste der Branchenprimus neben der verlorenen Meisterschaft auch eine herbe 2:5-Niederlage im DFB-Pokal-Finale gegen den westfälischen Rivalen hinnehmen. Das Branchenmagazin *Kicker* kürte Jürgen Klopp im selben Jahr zum „Mann des Jahres“. „Selten fiel die Entscheidung für den Mann des Jahres so eindeutig aus wie diesmal bei Jürgen Klopp“, schreibt *Kicker*-Chefredakteur Jean-Julien Beer (2012). „Der Gewinn von Meisterschaft und Pokal waren der verdiente Lohn für den bis ins Detail ausgeklügelten Dortmunder Angriffs-Fußball der Marke Klopp.“ Das Leadership-Geheimnis des Jürgen Klopp beschreiben Nina Berger und Jonas Puck (2022) so: „Was sich Führungskräfte vom deutschen Star-Trainer des FC Liverpool abschauen können: Vertrauen und Selbstvertrauen, Leidenschaft und unbedingter Einsatzwille, Strategie und Beständigkeit als Schlüssel zum Erfolg.“

Das Beispiel Alexanders des Großen ragt auch mehr als 2300 Jahre später immer noch hervor: Persönliche Führungsstärke, die von den Mitarbeitern unmittelbar erlebt wird, ist ein sehr großer Motivator für jeden Einzelnen, das Beste aus sich herauszuholen und große Belastungen zu ertragen. Die Nähe zu den Geführten ermöglicht es der Führungskraft zugleich, die Leistungen der Mitarbeiter angemessen zu beurteilen und die Richtigen zu befördern und auszuzeichnen.

These 2

**Handle nicht nach einem einmal gefassten Plan, sondern habe das Ziel vor Augen, und reagiere flexibel und genetisch wachsend auf unvorhergesehene Umweltveränderungen und Ereignisse. Und dann nutze die sich daraus ergebenden Chancen!**

Das zweite herausstechende Merkmal von Alexanders Führungsstil ist sein hochflexibles, der jeweiligen Situation angemessenes Handeln. Alexander war ein Meister in der Disziplin, in Minutenschnelle einen neuen Schlachtplan zu entwerfen, den Gegner zu täuschen oder dessen Fehler auszunutzen. Die Schlacht am Hydaspes gegen den indischen König Poros zeigt das eindrucksvoll. Da Poros' Armee die für die Flussüberquerung geplante Stelle durch Kriegselefanten blockierte, griff Alexander zu einer List. Seinen General Koinos ließ er zahlreiche Lagerfeuer entzünden, sodass Poros glauben musste, das gesamte makedonische Heer warte im Lager. Tatsächlich aber zog Alexander flussaufwärts und überquerte den Strom, um seinem Gegner in die Flanke zu fallen.

Da sich die Überquerung verzögerte, entdeckten indische Späher das Manöver, und Poros zog mit seiner Streitmacht dem nun zahlenmäßig unterlegenen Alexander entgegen. Dieser entwarf rasch einen neuen Plan und versteckte Teile seiner Reitertruppen hinter der Infanterie. Poros ließ den scheinbar schwachen linken Flügel von seiner Reiterei angreifen. Doch die wurde von Alexanders Reserve überrascht, eingekesselt und aufgerieben. Dann erst stieß die makedonische Infanterie im Zentrum vor und schaltete die Elefantenführer mit gezielten Speerwürfen aus. Die führerlosen Elefanten rasten in Panik durch die indischen Infanteriereihen, die daraufhin die Flucht ergriffen. Wieder einmal hatte Alexanders Geschick, genetisch wachsend dynamisch zu reagieren, den Sieg davongetragen.

Ein Musterbeispiel für Flexibilität in der Wirtschaft ist Jeff Bezos. Der Gründer von Amazon ist dank dieser Eigenschaft zu einem der reichsten Männer der Welt geworden. Es gibt wohl kaum einen Menschen in den USA oder Westeuropa, der noch nicht etwas bei dem erfolgreichen Onlinehändler bestellt oder einen Film oder eine TV-Serie gestreamt hat. Jeff Bezos studierte Elektrotechnik und Informatik und arbeitete danach bei einem New Yorker Vermögensverwalter. Den lukrativen Job gab er zugunsten seiner Idee auf, Bücher online zu verkaufen. Das gab es bis dahin nicht. 1994 gründete Bezos in Seattle die Onlinebuchhandlung Amazon – wie es sich für ein amerikanisches Start-up gehört, in einer Garage. Im Juli 1995 verkauft er sein erstes Buch online. Bereits im dritten Monat lag sein Onlineumsatz bei 80 000 Dollar.

Heute ist Amazon.com ein Onlinekaufhaus, das fast alles anbietet. Dabei hat Bezos immer wieder Neues ausprobiert. Das Scheitern von Ideen nimmt er billigend in Kauf, selbst wenn es zu Milliardenverlusten führt, wie etwa der Versuch, mit dem Amazon Fire Phone dem iPhone Konkurrenz zu machen. Wenn Bezos merkt, dass eine Idee keine Früchte trägt, dann schreibt er die Verluste ab und sucht einen neuen Weg. „Ein Beispiel für eine flexible Führungskraft ist Amazon-CEO Jeff Bezos, der schnell auf Veränderungen in der Unternehmensumgebung reagieren konnte und dafür sorgte, dass Amazon eines der erfolgreichsten Unternehmen der Welt wurde", lobt Wolfgang Sender, Buchautor und ausgewiesener Kenner von Unternehmerkarrieren (2023). Bezos' Credo vom kreativen Scheitern und von Flexibilität als Weg zum Erfolg hat dem Aktienkurs von Amazon zwar so manche Achterbahnfahrt beschert, aber langfristig zu einer enormen Wertsteigerung verholfen.

Seine persönliche Flexibilität stellte Bezos zu Beginn seiner Karriere unter Beweis, als er von der Ost- an die Westküste der USA zog, um mit dem Erwerb der berühmten Tageszeitung *Washington Post* in ein zweites Leben als Verleger zu starten. Vor zwei Jahren beschloss er, sich aus dem operativen Geschäft zurückzuziehen. Seitdem ist Andy Jassy Präsident und CEO von Amazon, während Bezos als geschäftsführender Vorsitzender des Verwaltungsrats im Hintergrund wirkt. Lerne: Wer so erfolgreich ist wie Jeff Bezos, kann selbst bestimmen, wann er geht.

Dass man auch als politischer Anführer einer kleinen Bewegung durch Beweglichkeit ein Weltreich schlagen kann, hat Mahatma Gandhi in Indien bewiesen. Der 1869 als Mohandas Karamchand Gandhi in Westindien geborene Politiker gilt als Vater der indischen Nation. Den Ehrentitel

Mahatma, was so viel wie „große Seele“ bedeutet, verdiente er sich durch sein Leben und Wirken. Den Kampf für die Unabhängigkeit Indiens, das seit dem 19. Jahrhundert als Kronkolonie von Großbritannien regiert wurde, nahm er schon während des Ersten Weltkriegs auf. Als Anwalt in Südafrika erlebt Gandhi die Diskriminierung der dort lebenden Inder. Zurück in Indien rief er zum passiven und gewaltfreien Widerstand gegen die Briten auf. Seine erste Kampagne drehte sich um das Spinnrad: Um Indien von britischen Textileinfuhren unabhängig zu machen, sollten Inder die Baumwolle selbst verarbeiten.

Wann immer die Briten mit Gewalt reagierten, antwortete Gandhi nicht etwa mit Gegengewalt. Vielmehr zielte er mit der eigenen Gewaltlosigkeit und seiner Bereitschaft, Schmerz und Leiden auf sich zu nehmen, auf die Vernunft und das Gewissen des Gegners. „Be flexible and reinvent: In situations where all the existing methods and tactics had failed, Gandhi reinvented the rules of the game to deal with tricky situations“, schreibt Priyanka Madhusudan (2017). Obwohl er seinem Gegner materiell in jeder Hinsicht unterlegen war, bewies Gandhi den Mut und die geistige Flexibilität, um unkonventionelle Gegenmittel zu finden. Sein Führungsstil richtete sich stets nach den Umständen, um den angemessenen und wirksamen Ansatz zur Lösung eines Problems zu finden. Mit Geduld und immer neuen Kampagnen, wie etwa dem Salzmarsch von 1930, der sich gegen das Salzmonopol der Briten richtete, führte er Indien 1947 in die Unabhängigkeit.

Genetisch wachsend, gleichsam dynamisch zu denken und zu handeln ermöglicht es Unternehmern und Führungskräften, frühzeitig neue Märkte zu erkennen und die dafür notwendigen Produkte und Dienstleistungen zu entwickeln. Manchmal kann es dafür notwendig sein, bisherige Geschäftsfelder zu räumen, um sich auf anderen Gebieten einen Vorsprung zu verschaffen.

## These 3

**Folge deiner Vision. Doch bedenke die langfristigen Folgen deines Handelns, wenn du sie zu verwirklichen trachtest.**

Ein oft übersehener Aspekt von Alexanders erstaunlicher Karriere als Kriegsherr ist die Tatsache, dass er als junger Mann in die großen Fußstapfen seines strengen, disziplinierten und erfolgreichen Vaters treten musste. Dieser hatte Makedonien unter anderem mit seiner Militärreform die führende Rolle in Griechenland verschafft und damit die Grundlage für den Feldzug gegen das Persische Reich geschaffen. Aufgrund seines Todes blieb Philipp II. die Realisierung dieses ehrgeizigen Planes verwehrt. Doch sein Sohn Alexander übernahm die Vision und erwies sich schon bald als militärisches Genie, nicht nur wegen seiner großartigen Siege im Persienfeldzug, sondern auch wegen des Aufbaus einer funktionierenden Logistik und Verwaltung in den neu gewonnenen Gebieten. Militärische Erfolge sind nur dauerhaft, wenn sie wirtschaftlich und politisch gesichert werden können.

Die moderne Welt ist ohne den Einsatz von Computern nicht mehr vorstellbar. Umso spannender ist die Frage, wer zuerst die Vision hatte, dass es so etwas wie Hardware und Software geben könnte, um Rechenvorgänge maschinell auszuführen. Enter: Ada Lovelace. Die 1815 als Ada Byron, Tochter des berühmten Romantikers Lord Byron, geborene Britin wurde entgegen den damaligen Gepflogenheiten umfassend in Naturwissenschaften und Mathematik ausgebildet. Mit 17 Jahren lernte sie den Mathematiker Charles Babbage kennen, mit dem sie fortan in eine rege Briefkorrespondenz trat. Obwohl sie selbst nicht studieren durfte, wurde schon bald ihr mathematisches Talent sichtbar.

So trug Ada Lovelace wesentlich zur Entstehung der „Analytical Engine“ bei. Dabei handelt es sich um den Entwurf einer mechanischen Rechenmaschine, die mit Lochkarten zur Eingabe von Zahlen arbeitet. „Die Grenzen der Arithmetik wurden in dem Augenblick überschritten, in dem die Idee zur Verwendung der Karten entstand, und die Analytical Engine hat keine Gemeinsamkeit mit schlichten Rechenmaschinen. Sie ist einmalig, und die Möglichkeiten, die sie andeutet, sind höchst interessant“, notiert Ada Lovelace in der Bedienungsanleitung für diese Maschine. „Durch dieses beschriebene Programm gilt sie als erste Programmiererin der Geschichte“, hält Stefan Reismann fest (2021). „Ada Lovelace war eine Visionärin. Mit ihren Kommentaren stellte Lovelace auch erste gedankliche Weichen für den Computer, wie wir ihn heute kennen. Ihre Kommentare beschrieben unter anderem erstmals eine Abgrenzung zwischen Hard- und Software.“

Wie weit die Britin gedanklich ihrer Zeit voraus war, erkennt man an ihrer Vorstellung von Anwendungen der Analytical Engine jenseits streng mathematischer Aufgabenstellungen. In der Zukunft, so sah die britische Visionärin voraus, könnten Maschinen auch Musiknoten, Buchstaben und Bilder verarbeiten. Mitte des 19. Jahrhunderts und damit knapp 100 Jahre vor der Erfindung des ersten modernen Computers durch Conrad Zuse war das eine unglaubliche Idee. Heute werden jeden Tag weltweit Millionen von Liedern, Podcasts und Filme über Streamingdienste gehört und gesehen – digitalisiert, wie von Ada Lovelace vorausgesehen.

Solch treffsichere Prognosen sind selten. 1993 wurden in Deutschland 1,5 Millionen Kilowattstunden Strom durch Sonnenenergie erzeugt. Angesichts eines jährlichen Gesamtstromverbrauchs von 450 Terawattstunden war das ein Anteil von 0,0033 Promille. Sonnenenergie galt zu dieser Zeit als überaus kostspielige, wenig ergiebige und starken Schwankungen unterworfene Form der Stromerzeugung. Im selben Jahr veröffentlichte Carl-Jochen Winter ein Buch mit dem Titel *Die Energie der Zukunft heißt Sonnenenergie.* Es hatte einen Umfang von 367 Seiten und kostete stolze 42 D-Mark. Sein Inhalt stammte von einem Visionär, der für seine These jedoch beste Voraussetzungen mitbrachte.

Carl-Jochen Winter leitete von 1976 bis 1991 als Vorstandsmitglied der Deutschen Forschungsanstalt für Luft- und Raumfahrt in Stuttgart den Forschungsbereich Energetik. Von 1988 bis 1992 arbeitete er im Vorstand des baden-württembergischen Zentrums für Sonnenenergie- und Wasserstoff-Forschung in Stuttgart. Vor allem aber war er seit 1989 stellvertretender Vorstandsvorsitzender des Forums für Zukunftsenergien in Bonn und seit 1991 Mitglied der Bundestags-Enquetekommission „Schutz der Erdatmosphäre".

Nur wenige Menschen erkannten bereits zu dieser Zeit, dass sich die Energiepolitik nicht nur an aktuellen Zahlen und Kosten orientieren darf. Vielmehr erfordert sie den Blick in die Zukunft, die Umwelt von morgen und das Denken in volkswirtschaftlichen Kategorien. Genau diese Vision entwarf der Forscher. „Er war ein Visionär: Carl-Jochen Winter erkannte schon 1976 die Notwendigkeit zur Energiewende", titelt Hanspeter Walter in seinem Nachruf (2023). Anders als Ada Lovelace hat Winter noch miterlebt, wie seine Vision allmählich Konturen annahm. Die mehr als zwei Millionen installierten Photovoltaikanlagen in Deutschland trugen 2022 fast elf Prozent zur gesamten Stromerzeugung bei. Tendenz: steigend.

Alexanders Vision von Griechenland und Persien geht weit über die nur in Umrissen bekannten Pläne seines Vaters hinaus. Ausziehend von Griechenland, der Wiege der abendländischen Kultur, will Alexander Asien nicht nur erobern, sondern gleichsam mit Europa verschmelzen. Ein Beispiel dafür ist die historisch überlieferte Massenhochzeit von Susa – nach persischer Sitte und als Zeichen der kulturellen Verständigung. An solch aufgeschlossenem Geist mangelt es häufig in der Gegenwart, wirtschaftlich besonders folgenschwer bei Fusionen und Übernahmen. Vielen Führungskräften fehlt die Bereitschaft, das Gute im Fremden zu erkennen. Von Alexander lernen, heißt auch in dieser Beziehung siegen lernen.

Eine Unternehmensvision hilft Unternehmen dabei, ihr wahres Ziel nicht aus den Augen zu verlieren. Gerade im schnelllebigen Internetzeitalter wird es immer mehr zu einer Herausforderung, sich nicht von kurzlebigen Trends blenden zu lassen, sondern Kunden, Mitarbeitern und anderen Interessensgruppen gegenüber klar vermitteln zu können, wofür ein Unternehmen steht und welche Werte es leiten.

# Epilog

## Alexanders Vermächtnis

In einer einzigen Dekade eroberte Alexander von Makedonien den Großteil der damals bekannten Welt und leitete das Zeitalter des Hellenismus ein. Seine Armee war vergleichsweise klein, aber perfekt trainiert. Mithilfe der makedonischen Phalanx gewann Alexander eine Schlacht nach der anderen gegen die persische Übermacht, bis er König der Welt wurde – zumindest der Welt, wie die Griechen sie kannten.

Das Alexanderreich war der erste aus einem europäischen Kulturraum heraus geschaffene Flächenstaat, der sich über drei Erdteile und zahlreiche Völkerschaften erstreckte. Sein Gründer ermöglichte die Verbreitung der griechischen Kultur über die Grenzen Griechenlands hinaus und verhalf damit dem Hellenismus zu Weltgeltung.

Darum wird es Alexander nicht gerecht, das Geheimnis seines Erfolgs auf die Kriegskunst zu beschränken. In den vorstehenden Kapiteln habe ich mich bemüht, das volle Kaleidoskop seiner Talente darzulegen. Nun will ich sie in einem Satz zusammenfassen: Der große Makedonier hatte nicht nur die Vision des völkervereinenden Hellenismus, sondern er setzte sie in Taten um und ließ sie lebendig werden. Der britische Althistoriker Robin Lane Fox (2010, S. 637) würdigt diese Lebensleistung des Multitalents so: „(Alexander) hatte es für möglich gehalten, dass eine einzige

Macht vom Mittelmeer bis an die fernen Grenzen Indiens herrschen könne, indem das Reich sich auf Makedonien und die unerschöpflichen Reichtümer Babylons und das umliegende Acker- und Weideland stützte."

Zweitens habe Alexander daran geglaubt, dass die Armee und die Zukunft des Reiches von makedonischen, griechischen und persischen Rekruten und deren Söhnen abhängen würden, die makedonisch erzogen werden sollten. Und drittens war er der Überzeugung gewesen, dass Kultur und Regierung nur mit Städten möglich seien, die allen Griechen wohlvertraut waren. „Man hat oft gesagt, dass diese drei Prinzipien Alexanders zwangsläufig an den Vorurteilen seiner Nachfolger oder an den Realitäten der heraufkommenden Zeiten scheitern mussten. Alexander jedoch beurteilte die Dinge weder so oberflächlich noch so weltfremd." (Lane Fox, R., 2010, S. 637)

Alexanders Glaube an die Möglichkeit eines Reiches vom westlichen Mittelmeer bis Indien wurde zeit seines Lebens nicht zerstört. Das von ihm geschaffene Reich fiel erst den auf seinen Tod folgenden Diadochenkämpfen (Stähli, A., 2018a, S. 78 f.) zum Opfer. „Es waren chaotische Jahre, doch ist kein einziger Fall bekannt, wo die einheimische Bevölkerung sich allen Ernstes gegen die makedonische Herrschaft aufgelehnt hätte." (Lane Fox, R., 2010, S. 638)

### Die griechische Polis als Vorbild für die Welt

Alexanders Vision, die griechische Polis zum Modell für den Osten, ganz Asien und – das zeigen seine bereits in Angriff genommenen Pläne, den Feldzug nach einem Aufenthalt in Persien mithilfe der in Indien gebauten Flotte fortzusetzen – im westlichen Mittelmeerraum und in Afrika zu machen, war durchaus von dieser Welt. Schon sein Vater Philipp hatte Städte bis weit in den Osten am Schwarzen Meer gegründet; sein Lehrer Aristoteles hatte seine Theorie der Politik nach der griechischen Polis ausgerichtet. Alexander wusste: In den Städten und nicht in den von Nomaden durchzogenen, zivilisationsfeindlichen Landstrichen wuchsen Wirtschaft und Kultur, friedliches menschliches Zusammenleben, Bildung, Kultur und die Neugier auf das Unbekannte, noch zu Entdeckende.

Im Nordosten Afghanistans am Fluss Oxus liegt ein weiteres Alexandria, ersten Ausgrabungen zufolge könnte es die kolossale, doch noch unter dem Sand verborgene Griechenstadt Ai Khanoum sein. „4800 Kilometer von der Ägäis entfernt erfreuten sich hier griechische, makedonische und thrakische Bürger an ihren Tempeln, ihrem Gymnasion und der Ringkampfarena in genau der gleichen Weise wie in einer Stadt auf dem griechischen Festland; vor dem Giebel des breiten Balkendachs ihres riesigen Palastes aus Lehmziegeln stand eine elegante Vorhalle mit korinthischen Säulen; die Kapitelle zeigten griechische Akanthusblätter." (Lane Fox, R., 2010, S. 642) In Alexanders Vorstellung gab es in seinem ganzen Reich Städte wie Ai Khanoum, mit

Dichterschulen und Bibliotheken, mit körperbewussten Gelehrten und wissenschaftlich geschulten Athleten, die sich aus allen Teilen des Reiches zu griechischen Spielen zusammengefunden hätten, voll von Marktplätzen mit Händlern aus aller Welt, die in griechischer Sprache bieten und feilschen; Städte mit Tempeln und einer Agora, umringt von bewässerten, blühenden Landschaften, in denen all das produziert worden wäre, was die örtliche Erde hergab. Schauspiel und Kunst im griechischen Stil hatte Alexander dort ebenso wie Gelehrsamkeit und Wissenschaft im Wettbewerb der Besten fördern wollen. So wie in Babylon ein griechisches Theater stand, in Alexandria in Ägypten eine Agora zu Versammlungen einlud, in Baktra Stücke von Euripides aufgeführt wurden und in Tyros Homer gelesen wurde, sah Alexander bereits die Ausbreitung der griechischen Bildung und des griechischen Lebens vor seinem geistigen Auge. Westliche und östliche Kulte im friedlichen Miteinander: Das alles hatte Alexander schaffen wollen. Allein das Schicksal wollte es anders.

## Der Geist von Alexander wehte noch 700 Jahre

Nicht Hass auf den Eroberer, sondern dessen Tod und die daraufhin wieder erwachenden Vorurteile der herrschenden Schichten in Ägypten, in Persien, im Kaukasus, in Baktrien wie in den anderen eroberten Ländern ließen das von Alexander geschaffene Reich binnen drei Jahrzehnten politisch untergehen. Mit Alexanders Ende ging die Eintracht zwischen Griechen und Einheimischen zurück und starb einen langsamen, qualvollen Tod. Seine Feldherren und deren Söhne, die das Alexanderreich unter sich aufteilten und sich mit wechselnden Bündnissen in den Diadochenkriegen bekämpften, hielten nicht an der Eintracht fest, sondern verfolgten eine von Eifersucht, Gier und Nepotismus genährte Unterjochungspolitik. Mit ihnen war das Zeitalter der außenpolitisch selbstständigen Poleis endgültig vorbei.

Doch die Griechen und ihre Kultur verschwanden nicht gänzlich aus dem Alexanderreich. Über wenigstens sieben Jahrhunderte hinweg lassen sich die Spuren der Kultur des großen Makedonier zurückverfolgen, sei es in der Städteplanung, in der bildenden Kunst, in der Sprache und in den Schriften. Ohne Übertreibung lässt sich daher sagen: Wenn wir Alexander den Großen und seine Großartigkeit verstehen, werden wir auch verstehen, was menschliche Zivilisation ausmacht. An seinen guten Eigenschaften können wir uns erfreuen und nach ihnen streben und aus seinen Fehlern lernen wir, werden weiser und wachsen geistig. Der Dank dafür gebührt dem mutigen, rastlosen, stets nach Verständigung suchenden Makedonier – auf ewig Alexander der Große.

# Literatur

Arrianus, Flavius (um 138): Der Alexanderzug. Indische Geschichte. Griechisch und deutsch. Herausgegeben und übersetzt von Gerhard Wirth und Oskar von Hinüber, München/Zürich 1985.

Arrianus Flavius; Dörner Christian Heinrich (k.A.) Arrians von Nicomedien – Werke: Taktik und Geschichte der Feldzüge Alexanders, 1. Band. Bremen.

Badian, Ernst (2012): Collected Papers on Alexander the Great. London New York 2012.

Berkowitz, Ben (2013): Michael Dell ringt um sein Lebenswerk, in: manager-magazin.de, Hamburg 2013. https://www.manager-magazin.de/digitales/it/a-877712.html. Abrufdatum 2.5.2023.

Bilanz.ch (2004): Michael Dell: Der weltbeste Rappenspalter. https://www.handelszeitung.ch/unternehmen/michael-dell-der-weltbeste-rappenspalter. 27.10.2004. Abrufdatum 2.5.2023.

Birt, Theodor (1924): Alexander der Große und das Weltgriechentum bis zum Erscheinen Jesu. Leipzig 1924.

Bosworth, Albert Brian (1988): Conquest and Empire. The Reign of Alexander the Great. Cambridge 2008.

Briant, Pierre (1987): Alexandre le Grand – De la Grèce à l'Inde. Paris 1987.

Burger, Nina; Puck, Jonas (2022): Das Leadership-Geheimnis des Jürgen Klopp. In: www.trend.at. https://www.trend.at/leaders/leadership-juergen-klopp. Abrufdatum 9.5.2023.

Cartledge, Paul (2004): Alexander the Great. The Truth behind the Myth. London 2013.

Chisholm, Hugh (Hrsg.) (1911): Encyclopaedia Britannica (11. Aufl.). Cambridge University Press.

Demandt, Alexander (2009): Alexander der Große. Leben und Legende. München 2009.

Diodorus Siculus (1. Jh. v. Chr.): Library of History, Bd. XVII. https://penelope.uchicago.edu/Thayer/E/Roman/Texts/Diodorus_Siculus/17D*.html#64.3. Abrufdatum 06.06.2023.

Droysen, Johann Gustav (1833): Alexander der Große. Frankfurt/ M. 2004.

Engels, Johannes (2006): Philipp II. und Alexander der Große. 2. Aufl. Darmstadt 2012.

Fischer-Fabian, Siegfried (1994): Alexander der Grosse. Bergisch-Gladbach 1994.

Gehrke, Hans-Joachim (1996): Alexander der Große. 6. Aufl. München 2013.

Giebel, Marion (2005): Die Gestalt Alexanders des Großen. Begegnung und Konflikt der Kulturen. München 2005. https://www.fachdidaktik.klassphil.uni-muenchen.de/forschung/didaktik_waiblinger/marion_giebel/alexander_d_grosse.pdf.

Hammond, Nicholas (2001): Alexander der Große, Feldherr und Staatsmann. München/Berlin 2001.

Heckel, Waldemar; Jones, Ryan (2006): Macedonian Warrior. Alexander's elite infantrymen. 3. Aufl. Oxford 2008.

Heckel, Waldemar; Lawrence, A. Tritle (Hrsg.): (2009): Alexander the Great. A New History. Malden, Oxford 2009.

Kampmann, Ursula (2009): Die Münzen Alexander III. des Großen von Makedonien. https://muenzenwoche.de/die-muenzen-alexanders-iii-des-grossen-von-makedonien/. Abrufdatum 17.6.2023.

Kicker.de (2012): Unser Mann des Jahres 2012: Jürgen Klopp, in: kicker.de, Nürnberg 2012. https://www.kicker.de/unser_mann_des_jahres_2012_juergen_klopp-579624/artikel. Abrufdatum 23.4.2023.

Klawes, Günther (Hrsg.) (2014): Diodoros Historische Bibliothek. Wiesbaden 2014.

Kleitarchos (um 310): Alexander der Grosse, übersetzt von Felix Jacoby. In: Paulys Realencyclopädie der classischen Altertumswissenschaften (RE). Band XI 1, Sp. 622–654. Stuttgart 1921.

Kühnelt, Ellen (2009): Militärische Grundlagen des Alexanderzuges. In: Hansen, Svend; Wieczorek, Alfried; Tellenbach, Michael (Hrsg.): Alexander der Große und die Öffnung der Welt. Asiens Kulturen im Wandel. Publikation der Reiss-Engelhorn-Museen Bd. 36, S. 264. Mannheim 2009.

Kuhrt, Amélie (2009): Das Persische Reich (ca. 550–330 v. Chr.) – Feind und Faszination. In: Hansen, Svend; Wieczorek, Alfried; Tellenbach, Michael (Hrsg.): Alexander der Große und die Öffnung der Welt. Asiens Kulturen im Wandel. Publikation der Reiss-Engelhorn-Museen Bd. 36, S. 77–86. Mannheim 2009.

Lane Fox, Robin (1974): Alexander der Große. Eroberer der Welt. Reinbek b. Hamburg 2010.

Madhusudan, Priyanka (2017): One man who inspired the world – Mahatma Gandhi & his leadership value, auf: peoplematters.in, Gurugram 2017. https://www.

peoplematters.in/article/leadership/one-man-who-inspired-the-world-mahatma-gandhi-his-leadership-value-16500. Abrufdatum 1.5.2023.

Müller, Sabine (2019): Alexander der Große. Eroberungen – Politik – Rezeption. Stuttgart 2019.

Plutarch (1./2. Jh. n. Chr.): Alexander. Reclams Universal-Bibliothek, Band 19261. Stuttgart 2020.

Plutarch (1991): Von großen Griechen und Römern. München 1991.

Plutarch (2014): De Gruyter Akademie Forschung (Hrsg.), Fünf Doppelbiographien: Teil 1: Alexandros und Caesar. Aristeides und Marcus Cato. Perikles und Fabius Maximus. Teil 2: Gaius Marius und Alkibiades. (Sammlung Tusculum). Berlin 2014.

Ptolemaios I; Soter, Chisholm, Hugh (Hrsg.) (1911): Encyclopaedia Britannica. (11. Aufl.). Cambridge University Press, Seiten 616–618.

Quintus Curtius Rufus (1. Jh. n. Chr.): Alexander der Grosse. Lateinisch und Deutsch, übersetzt von Johannes Siebelis, kommentiert von Holger Koch und Christina Hummer, 2 Bände. Darmstadt 2007.

Radermacher, Cay (2013): Angriff auf das Perserreich. In: Alexander der Große, Geo Epoche, Band 63/2013, S. 60–73.

Reismann, Stefan (2021): Ada Lovelace – Die erste Programmiererin war visionär, auf: Netzpiloten.de, Hamburg 2021. https://www.netzpiloten.de/ada-lovelace-die-erste-programmierin-war-visionaer/. Abrufdatum 8.5.2023.

Schmidt-Hofner, Sebastian (2016): Das Klassische Griechenland. Der Krieg und die Freiheit. München 2016.

Sender, Wolfgang (2023): Flexibilität: Warum ist sie eine wichtige Führungsqualität? https://life-in-germany.de/flexibilitaet-fuehrungsqualitaet/. Abrufdatum 18.4.2023.

Schachermeyr, Fritz (1973): Alexander der Große – das Problem seiner Persönlichkeit und seines Wirkens. Österreichische Akademie der Wissenschaften. Wien 1973.

Seipel, Wilfried (2015): Ägypten: Die letzten Pharaonen. Von Alexander dem Großen bis Kleopatra. Leoben/Mannheim 2015.

Sheppard, Ruth (2009): Alexander der Große und seine Feldzüge. Stuttgart 2009.

Stähli, Albert (1992): Europäische Lösung: Genetisch wachsende Fallstudie, Management Andragogik Band 2. London New York 1992.

Stähli, Albert (2018): Die Römer. Politik und Wirtschaft mit Legionen. Frankfurt 2018.

Stähli, Albert (2018a): Die Griechen. Die antike Demokratie, Bildung und Wohlstand. Frankfurt 2018.

Stähli, Albert (2019): Die Ägypter. Politik für ein Leben im Diesseits und Jenseits. Frankfurt 2019.

Tarn, William Woodthorpe (1947): Alexander der Große. Darmstadt 1968.

Tarn, William Woodthorpe (1960): The Greeks in Bactria and India. Cambridge Library Collection 2010.

Weber, Patrick (2007): Alexander der Große und Aristoteles. München, Ravensburg 2007.

Walter, Hanspeter (1923): Er war ein Visionär: Carl-Jochen Winter erkannte schon 1976 die Notwendigkeit zur Energiewende, Südkurier, Konstanz 2023. https://www.

suedkurier.de/region/bodenseekreis/ueberlingen/er-war-ein-visionaer-carl-jochen-winter-erkannte-schon-1976-die-notwendigkeit-zur-energiewende;art372495,11562281. Abrufdatum 30.4.2023.

Wiemer, Hans-Ulrich (2005): Alexander der Große. 2. Auflage München 2015.

Wirth, Gerhard (1973): Alexander der Große. Mit Selbstzeugnissen und Bilddokumenten. Reinbek bei Hamburg 1973.

Wolff, Markus (2013): Imperium in Flammen. In: Alexander der Große, Geo Epoche, Band 63/2013, S. 78–93.

Worthington, Ian (2014): By the Spear, Philipp II, Alexander the Great, and the Rise and Fall of the Macedonian Empire. Oxford 2016.

# Abbildungsnachweise

# Der Autor

Albert Stähli, Dr. rer. soz. oec., ist anerkannter Experte auf dem Gebiet der modernen Management-Andragogik und Autor mehrerer Bücher und Schriften zu diesem Thema. Um die Weiterbildung von Executives in der Wirtschaft und deren Berufsanforderungen entsprechend zu gestalten, gründete und leitete er die Graduate School of Business Administration (GSBA) in Zürich und Horgen am Zürichsee. Als passionierter Weltentdecker beschäftigt er sich seit vielen Jahren mit historischen Kulturen, unter anderem mit denen der europäischen Ethnien, der Sonnenkönigreiche in Süd- und Mittelamerika, der arabischen und Turkvölker sowie der Griechen, Römer und Ägypter. Daneben richtet sich sein Forschungsfokus auf europäische Herrscherdynastien und herausragende historische Persönlichkeiten wie Alexander der Große, Julius Caesar und Napoleon Bonaparte. Mit seinen Büchern und Vorträgen hat sich Albert Stähli auch außerhalb der Schweiz den Ruf einer Autorität erworben. Als gelernter Andragoge interessieren ihn ganz besonders die Bildungskulturen in den untergegangenen Reichen. Albert Stähli lebt nahe Zürich in der Schweiz.